살아나는 민생,
바로 서는 나라를 위하여

아,
민생이여

김인산 지음

아, 민생이여

초판 1쇄 발행 2017년 9월 1일

지 은 이	김인산
발 행 인	권선복
편 집	심현우
디 자 인	서보미
전 자 책	천훈민
발 행 처	도서출판 행복에너지
출판등록	제315-2011-000035호
주 소	(07679) 서울특별시 강서구 화곡로 232
전 화	0505-613-6133
팩 스	0303-0799-1560
홈페이지	www.happybook.or.kr
이 메 일	ksbdata@daum.net

값 15,000원
ISBN 979-11-5602-510-8 (03300)
Copyright ⓒ 김인산, 2017

도서출판 행복에너지는 독자 여러분의 아이디어와 원고 투고를 기다립니다. 책으
로 만들기를 원하는 콘텐츠가 있으신 분은 이메일이나 홈페이지를 통해 간단한
기획서와 기획의도, 연락처 등을 보내주십시오. 행복에너지의 문은 언제나 활짝
열려 있습니다.

살아나는 민생,
바로 서는 나라를 위하여

아,
민생이여

김인산 지음

대한민국의 현주소 진단과
민생을 위한 정책제안서!

도서
출판 행복에너지

아
민
생
이
여

머리말

지금의 민생은 매우 힘들다. 특히 서민층 하부를 이루고 있는 약 3천만에 육박하는 하층민의 생계는 점점 어려워지고 있지만, 정치권은 그저 수수방관하고 있을 뿐이다. 국민은 정권이 새로 바뀌었는데도 삶이 더 힘들어졌다고 말한다. 백성은 나라의 뿌리이며 국가 성립의 제1요건이다. 그래서 예로부터 백성을 하늘에 비유하여 백성의 마음은 천심이라고 하였다.

2015년을 기준으로 본 현 상황은 민생이 도탄에 빠지고 내수경제는 무너진 상태이지만, 정치권과 정치 지도자는 법적인 책임이 없다는 한심한 인식으로 하늘과 천심에 거역하고 있다. 하늘과 천심은 법과 헌법의 근원으로서 그 위에 존재하는 것이다.

정치의 최종 목적과 경제의 참 의미가 무엇인지 정치 지도자와 정권은 이해하지 못하고 있는 것이 가슴 아픈 우리의 현실이다.

이제 또 다음 정권에 기대할 수밖에 없는가? 답답하다.

아! 민생은 어떻게 될 것인가?

촌로 김인산

차 례

제1부

우리는 지금
어디에
와 있는가?

우리는 지금
어디에 와 있는가?

우리는 해방 후 70년 동안 많은 난관을 이겨내면서 쉴 틈 없이 달려왔다. 그동안 이룩한 것들은 대단하다. 세계 167개국 중 15위 안에 드는 경제 규모, 10위 안에 드는 무역 규모 등은 경제 대국이라고 하기엔 부족하지만, 그래도 경제 대국들 바로 뒤를 따라가고 있고, 과학 기술은 선진국을 바짝 뒤쫓고 있다. 그리고 남에게 지지 않으려는 악착같은 근성과 잘 돌아가는 두뇌를 가지고 있다.

그러면 우리는 지금 행복하고 만족스러운가? 미래는 밝고 희망차다고 느껴지는가?

그렇지 않다. 그러한 느낌은 들지 않는다. 현재의 삶은 힘들고 장래는 불안하다. 경제는 성장하여 GDP는 상승하였으나 증가해야 할 중산층은 줄어들고 줄어들어야 할 서민층은 대폭 증가하였다. 인구의 절반가량 되었던 중산층의 경우 지금은 인구의 일부만 중산층으로 체감하고 있는 형편이다. 재산이나 소득의 명목적 수치는 증가하였으나, 실질 소득과 가처분 소득이 감소하거나 제자리걸음인 것이다.

주택 가격의 상승과 전세가의 폭등, 은행을 통한 가계부채 증가, 사교육비 증가, 차량 구매비, 건강 유지비, 문화 오락비 등의 증가는 중산층을 압박하여 중산층 하부는 약화돼 실질적 서민층으로 전락하고, 내수경기 침체로 자영업자와 영세 사업자가 대거 몰락하여 서민층 확대의 원인이 되었다. 결과적으로 인구의 절반가량이 서민화 되어 계층 간 구조도 도자기 형태에서 피라미드 형태로 바뀐 것이다. 이것이 우리가 느끼는 현실이다.

사회적 역할과 구조의 중심 부분이며 핵심 동력인 중산층은 양적으로 축소되고 경제적으로도 여력이 없어져 추진 동력을 상실하였으며, 겨우 최상층부 일부가 부유층에 진입했을 뿐이다.

서민층은 무엇인가?

서민층은 중산층의 발판이며 사회의 기반을 형성한다. 나아가서 서민층은 부유층의 원초적 모태이다. 이러한 서민층이 지금 빈곤화되어 있다. 서민층의 하부인 40% 정도는 빈곤층이며 이 빈곤층의 절반은 극빈층이다. 인구의 약 20%가 빈곤층이고, 10%가 극빈층인 것이다.

최하위 극빈층은 주위(국가, 사회, 친지, 가족)의 도움 없이는 도저히 생존이 불가능하다.

이들은 최악의 경우 범죄자로 전락할 수 있고, 자살을 택하기도 한다. 서민층의 빈곤화는 서민의 문제로 끝나는 것이 아니다. 각 계층은 서로 뗄 수 없는 관계이며 서로 유기적으로 연결되어있기 때문에 최하층이 허약해지면 이를 기반으로 유기적(경제적, 사회적, 혈연적)으로 연결된 중산층이 영향을 받게 되어 중산층도 약화된다. 서민층과 중산층이 허약해지면 국가 사회의 전반적인 동력이 약해질 뿐 아니라 경제적으로는 내수기반이 무너지면서 기업은 어려워지고 경제는 침체될 수밖에 없다. 경제의 침체로 일자리 창출이 어렵게 되고 실업자는 증가하고 일자리는 질적으로 저하되어 가계소득의 저하와 빈곤으로 이어진다. 실제로도 빈곤층은 대개 실업과 연계되어 있다. 그래서 제도적으로 취업이 배제된 노인층에 빈곤자가 많은 것이다. 이러한 상황에서 임시방편적이고 단편적인 경기 활성화 대책을 세워도 효과가 없는 것은 당연하다.

인구 문제를 살펴보자.

인구와 땅은 국가를 형성하는 기본 요소이며 국력을 상징한다. 인구는 정치, 경제, 사회 모든 문제에 내재된 기본 요소이며 주요 변수이다. 인구 예찬론자들은 인구가 많아야 좋다고 말한다. 어떤 동양 학자는 남한의 인구도 1억은 되어야 한다고 말한다. 내수 시장의 구매력과 노동력을 염두에 둔 듯하다. 그러나 "인구"라는 것은 그렇게 단순한 문제가 아니다. 인구가 많아야만 반드시 좋은 것도 아니고 땅이 커야만 꼭 부국이 되는 것도 아니다. 우리는 상반된 양극단의 예를 현실 세계에서 보고 있다. 인구가 많고 땅이 넓어도 못사는 인도(중국은 일단 예외로 놓기로 한다) 및 땅이 넓은 러시아, 아프리카 국가들, 땅은 넓지만 인구가 적은, 그래도 잘 사는 캐나다, 호주, 스웨덴, 땅도 작고 인구도 적지만 세계적 선진국이며 복지국가인 스위스, 덴마크, 싱가포르 등이다. 인구라는 것은 두 개의 얼굴을 가지고 있다. 한쪽은 내수시장과 노동력 같은 긍정적인 얼굴이지만, 반대로 생각하면 많은 인구는, 더구나 좁은 땅에 밀집된 인구는 많은 사회적 문제와 국가의 재정적 부담을 야기하는 원인이 된다.

실업자 문제, 사회범죄의 증가 문제, 주택문제, 복지문제, 환경오염 문제, 여러 가지 사회갈등과 대립의 격화, 생존 경쟁의 치열 등 모두가 사람이 많아지면서 생기는 문제들이다. 가축을 수천 수만 마리 우리에 가두어 키우면 질병이 많이 생기는 것과 같다. 인구는 나라마다 적정한 용량이 있는 것이다. 노인층 증가는 수명의 연장으로 인해 발생하는 어쩔 수 없는 일이다. 출산율이 낮은 것이 확실히 문젯거리다. 필자도 출산율 1.19는 너무 낮고, 두 명 정도 낳으면 좋겠다고 생각한다. 그러나 그것은 국민 스스로, 젊은 층 스스로 결정한 것이다.

출산율이 낮은 이유는 무엇인가?

누구나 알고 있듯이 경제적, 사회적, 문화적 이유가 있다. 경제적으로는 양육에서부터 교육, 결혼, 주거 문제까지 도저히 감당할 자신이 없는 것이다. 사회적으로는 극심한 생존경쟁에서 완전히 자립하기 위해서 많은 노력과 시간이 소요되고, 결혼은 늦어질 수밖에 없다. 문화적으로 보면 지금의 젊은 세대, 특히 여성의 경우는 힘든 결혼 생활보다는 자기만의 삶을 추구하고자 하는 욕구가 더욱 강하여 독신주의가 늘고 있다.

　정부가 최근 출산 장려 운동을 벌이고 있는데, 얼핏 당연한 정책으로 보이지만, 한편으로 생각하면 무조건 많이 낳으라고 하는 것은 지금의 식구들도 제대로 못 먹여 살리면서 식구를 더 입양하겠다는 것과 같은 무책임한 행동이다. 효과적인 출산 장려책을 세우려면 셋째 이상 출산을 적극 장려할 필요는 없고, 두 번째 아이에 대해서는 초등학교를 마칠 때까지 최소 매월 100만 원 이상의 육아 비용을 정부가 지원해 주어야 할 것이다. 장기적 관점에서 볼 때 노동력은 감소할 것이다. 산업은 빠르게 고도 기술화되어 자동화, 로봇화될 것이기 때문에 경제가 성장한다 해도 일자리가 늘어날 수 없는 것이다. 우리나라의 경우에는 앞으로 통일이라는 민족 합일의 대 이벤트가 있기 때문에 그때가 되면 인구 문제는 자연스럽게 해결될 것이며 실업 문제, 노동력의 문제도 아울러 풀릴 것이다.

　우리의 경제정책 방향은 어떠한가?

　1960년대 이후 수출 드라이브 정책을 중심으로 추진해 온 압축 성장 방식은 획기적 양적 성장을 이루어 내어 이른바 토끼(숫토끼) 한 마리를 잡았다.

　그러나 토끼는 암수 두 마리가 짝을 이루어야 좋고, 경제는 동전처럼 양면(양과 질)이 있다는 것을 인식하는 데 소홀했다. 당시의 정책이 잘못되었다는 것이 아니라 매년 몇 %씩 성장하는 것에만 몰두하다

보니, 중간중간 부작용을 체크하지 못했다는 것이다. 사람에 비유하자면, 체격이 커졌다 해서 그만큼 건강하지는 않은 것이다. 지금의 청소년들이 키는 훨씬 커졌지만, 옛날 어른들보다 더 강단이 있는 것은 아니고, 더 건강하다고 볼 수도 없는 것과 같다. 이를 다시 말하면 GDP가 증가한다고 반드시 행복해지는 것은 아니라는 말이다. 사람들이 흔히 말하는 것을 들어보면, 옛날보다 편리해진 것은 맞는데, 사는 것은 재미없고, 더 힘들다는 것이다. 부유층이 대궐 같은 집에 산들, 상대적인 만족감은 있을지라도 절대적인 행복감을 느끼는 것은 아니다. 부의 지나친 편재, 순환되지 않고 정체되어 사회로 환원되지 않는 부, 방탕한 부유층과 신음하는 서민층, 자생력과 방어력을 갖춰 망해도 망하지 않는 대기업과 자립능력이 없는 중소기업 등 이른바 양극화의 심화는 마치 심장의 피가 전신을 원활히 흐르지 못하고, 상체는 크지만 하체가 부실한 인체와 같은 모습이다.

물론 오늘날 부익부 빈익빈 심화 현상이 한국만의 문제는 아니다. 20세기 후반에 시작된 신자유주의 경제 시대의 결과물이다. 거대 기업은 더욱 거대 공룡화되어 가고 있어, 그 위세를 꺾을 수 없는 지경이지만, 그에 대한 뾰족한 해법을 찾지 못하고 있는 실정이다. 최선으로 평가했던 경제이론과 이념이 흔들리고 있는 셈이다. 이 결과, 사회는 계층 간, 노사 간의 갈등과 대립, 생산자와 소비자 간의 불신, 정부에 대한 국민의 불신, 정치에 대한 불신, 사제 간의 존경과 신뢰와 사랑의 상실, 미움과 편견의 팽배 등으로 갈기갈기 찢어진 상태이다. 이러한 상황에서 국민의 화합, 애국심, 국민적 에너지 결집은 불가능하다. 이러한 경제적 모순의 치유 방법은 우선 내가 가장 많이 벌어야 한다는 기업 정신과 생각에서 벗어나 다 함께 조금씩 같이 버는 나눔의 경제로 바뀌어야 하며, 부유층도 이에 동참해야 하는 것이다.

조국의 현실은 어떠한가?

하나의 땅덩어리가 둘로 쪼개져 휴전선을 만들고, 일촉즉발의 긴장 속에 대치하고 있는 나라는 우리가 유일하다. 참으로 부끄러운 일이 아닐 수 없다. 사람들은 흔히 3·8선과 남북 분단의 책임이 미국과 소련에 있다고 말한다.

우리나라의 분단 책임이 진정 미국과 소련에 있는가?

우리는 역사적으로 침략을 당했을 때 주로 외세의 탓으로 돌리려고 했다. 우리가 미리 철저하게 대비하지 못했고, 단합하지 못하였으며, 그리하여 힘이 없었다는 것은 회피하여 왔다.

과거의 임진왜란, 경술국치, 해방 후 이념대립과 6·25 동란, 그리고 지금까지 분단이 지속되는 것은 모두 위정자의 잘못 때문이다. 그럼에도 불구하고 지금의 정치 현실은 파벌과 분열, 대결과 투쟁, 권모술수와 부정부패, 소아적 이기주의와 사리사욕으로 뒤범벅되어 있고, 상업화되고 저질적으로 타락했다.

모 외국 대통령의 초췌해진 모습을 보고 반지르르한 한국의 고관대작이나 중견 정치인의 얼굴을 보면 만감이 교차한다. 이런 상황에 어떻게 국민이 정치를 믿고 투표에 참여하고 싶으며 정부를 신뢰하고, 국가 정책을 적극 지지할 수 있겠는가?

해방 후 우리는 몇 단계의 시대적 굴절을 겪어 왔다.

제1기는 해방 후부터 5·16 쿠데타까지의 태동과 혼란기이고,

제2기는 쿠데타 이후부터 1990년대 초까지의 군사 정권기로 개발과 통제의 시대였다면,

제3기는 1990년대 초 문민정부 시작부터 현재까지로 방임과 혼돈의 시기라고 평가할 수 있다. 이제는 무언가 대 수술과 새로운 설계가 필요하다.

돌아오는 제4기, 2020년대부터 2030년대까지는 흐트러지고 퇴락한 사회 전반의 정신적 대 개혁과 빈곤층에 대한 기본적 복지를 완성하여 사회를 정돈하고 1인당 국민소득 5만 불 시대에 걸맞게 경제적 저변과 기초를 튼튼히 구축하고 사회를 안정화해야 한다. 그리하여 도덕과 정의가 살아있고, 법과 질서가 존중되며 약자가 자유롭고 공평하게 선의의 경쟁을 할 수 있는 사회를 만들면, 국민은 화합되고 정부와 국민은 가족처럼 합심하게 되어 나라의 힘은 강해지고 머지않은 통일에 대비할 수 있게 된다.

통일은 건국 100년이 되기 전에 이루어져야 하며, 또 이루어질 것

이다. 그러나 우리가 받은 천계(天啓)가 그렇다고 하여 가만히 앉아서 기다리기만 하면 저절로 되는 것은 아니다. 하늘은 스스로를 돕지 않는 자는 도와주지 않기 때문이다. 독일과 같이, 갈라져 있는 양쪽 국민이 서로를 형제자매처럼 인식하여 그리워하고, 한 식구로 합쳐지기를 갈망하는 마음이 있어야 한다. 이 바탕 위에 양쪽 정치 책임자들의 노력과 주변 관련 국가들의 협조가 있어야 가능한 것이다. 그러므로 지금과 같이 최고위 양측 당국자 간의 회담이나 협상만으로는 해결될 수 없다. 정상 회담도 일시적으로 긴장을 완화하는 효과밖에 없을 것이다.

따라서, 먼저 남북 양쪽 주민들이 서로 정신적으로, 나아가서 실질적으로 가까워져야 하며, 그것이 매우 중요한 선결 조건이다. 그 방법은 여러 가지가 있겠지만 우선 가능한 방법의 하나는 비교적 경제적으로 잘사는 우리(남한)가 끼니가 어려운 북한 주민을 돕는 것이다. 과거에 식량을 지원하는 것을 가지고 "퍼주기"니 북한군인들 식량으로 사용된다느니 하던 식의 편협한 옹고집 노인 같은 생각으로는 남북관계를 풀 수 없다.

우리가 주는 곡식이 설령 북한 군인들에게 보급되더라도 안달하고 근심할 필요가 없다. 북한 군인들도 같은 민족이며, 형제이다. 그들이 민족 분단을 원하고 있는 것이 아니고, 소수의 고위 집권자들이 잘못되어 있는 것이다. 북한군들이 우리가 보낸 쌀을 계속 먹다 보면 그들은 결국 남한에서 보낸 쌀이라는 사실을 알게 될 것이며, 우리에 대한 고마운 마음이 생기게 될 것이다.

　우리 위정자들의, 굳어진 이념의 굴레에 묶여있는 편협하고 깨우치지 못한 일부 인사들의 각성이 필요하다. 우리에겐 지금 '보수', '혁신' 따위의 이념이 중요한 것이 아니다. 국민의 '삶'의 문제가 중요하다. 다만, 북한 집권 세력은 도저히 믿을 수 없는 무리고, 어리석은 자들이므로 대화는 하되 진지하고 진실한 합의를 기대해서는 안 되며, 따라서 국방을 튼튼히 하는 것은 북한 주민을 돕는 것과는 별개의 문제인 것이다.

우리는 왜
살기가 힘들고 재미없으며,
불안하고 미래에 비전이 없다고들 하는가

제2부

분야별
진단

국가의
책임과 의무

국가가 국민의 생명과 재산을 보호할 책임과 의무는 헌법에 규정했느냐 안 했느냐에 상관없이 천부적으로 부여된 과제이며, 책무이다. 그것이 국가의 존립 목적이며 이유이기 때문이다. 현대 국가는 고대나 중세의 소극적 보호책임이 아닌, 무한 책임을 져야 한다. 그러므로 국가는 국민을 행복하게 만들 의무가 있다.

1인당 국민 소득 3만 불 이상의 경제 선진국에 진입하려는 문턱에 서 있는 지금, 많은 빈곤층과 어두운 사회 그림자를 그대로 안고는 국민의 행복지수는 후진국 수준을 벗어나지 못할 것이며, 경제 선진국이라는 명패는 별 의미가 없을 것이다. 진정한 선진국이 되기 위해서는 사회, 문화적 수준이 경제 수준에 걸맞게 올라가야 하며, 개개인의 삶이 향상되어야 한다. 탁월한 성적의 우등생만 중요한 것이 아니라 수많은 D학점 이하, 즉 낙오자를 방치해서는 안 된다는 것이다. 앞으로 국가의 과제는 사회 전반(사회, 정치, 경제, 교육 등)에 대한 대개혁과 상생의 정신문화를 창조하고, 이를 통하여 최종적으로 복지국가를 건설하는 것이다.

정치, 정치인, 정당

– 도박판 같은 정치
– 철밥통 정치인
– 국민은 수단, 정권 획득이 목표인 정당

1. 정치와 정치의 방향

나라가 해야 할 일은 너무나 많다. 정치 지도자들이 자신의 온몸을 바쳐 평생을 고군분투해도 이루기 어려운 과제들이 산더미처럼 많고, 태산같이 높게 가로막고 있다. 평생을 정계에 몸담고 있는 유명 정치인이 많은데, 그들이 과연 평생 나라가 해야 할 일과 국가가 나아가야 할 방향에 대하여 모든 사심을 버리고, 걱정하고, 고민하며, 잠을 설치며 살아왔을까? 혹 그러한 사람이 있다면 과연 몇 명이나 될까?

정치란 무엇인가?

정치란 국민을 행복하게 만드는 것이다. 그러므로 정치의 최종 목표점은 국민의 복지이다. 매우 중요함에도 해결하기 힘든 국가적 과제는 피해가고, 이미 설계된 도면에 따라 고정된 틀 속에서 예산이나 집행하면서 현상을 유지해 나아가는 정도의 국정 운영은 누구나 할 수 있다. 이러한 정치인의 자세와 사고 때문에 누구나 대통령을 할 수 있다고 생각하고, 또 하겠다고 나서는 것이다.

정치인이란 무엇인가?

나라를 경영하는 책임자들이다. 마치 대기업의 중역들과 같다. 지도자의 길은 힘들고 외로우며, 고독하고 역경과 고난이 지속되는 험난한 모험의 길이다. 한 나라의 대통령이나 국가 최고 통치자라고 하여 몇 년간의 임기 동안에 모든 것을 해결할 수 없으며, 제대로 하려면 사실상 할 수 있는 것도 많지 않다. 따라서 대통령이나 국가 통치권자는 보이는 업적에 신경을 쓰지 말고 국가의 나아가는 방향이 올바른지 잘 판단하고, 근본적이고 지속적인 정책을 정착시키고, 미래의 비전을 국민과 공유하며, 미래 목표를 향한 방향을 잘 잡는 것이 핵심적인 임무이다.

그렇다면 정치는 어떤 방향으로 흘러가야 하는가?

모든 일은 최종 귀착점이 있듯이 국가의 경영도 최종적으로 만나는 합일점이 있다. 정치의 최종 지향점, 경제의 최종 목표, 사회의 최종적인 이상향은 "국민의 행복한 삶"에 귀일한다. "국민의 행복한 삶"이란 다른 말로 표현하면 바로 복지사회, 복지국가의 건설이다. 모든 정책은 수십 년 앞을 내다보고 최종적 합일점, 하나의 구심점을 향하여 설계되어야 한다.

우리의 정책들을 보면 미래 지향적 구상과 철학이 없고 시류에 흔들리며 급조하는 임기응변식, 땜질식 형태와 수준을 벗어나지 못하고 있다. 정책 개발을 정치권과 관련 있거나 정치권의 영향을 받는 기관이나, 인력에 지나치게 의존해서는 안 된다. 이러한 기관이나 학자, 전문가들은 대개 제도권이라는 틀을 벗어나 획기적 발상을 하기 어렵고, 형식적 논리를 중시하는 경향이 있어 순수하고 자연스러운 사고를 창의하기 힘들 뿐 아니라, 보이지 않는 감정과 체온의 의미를 잘 파악하지 못하기 때문이다.

정치인들은 항상 사고하고 현실을 파악하며 열심히 공부하여 스스로 정책을 개발해내야 한다.

순수한 열정과 나라와 국민을 사랑하는 마음이 간절하다면, 좋고 살아있는 정책을 개발해 낼 수 있다. 정책이 사회의 저항을 받는 것은, 정책 자체에 문제가 있거나, 정책에 대한 오해가 있기 때문이다. 모든 정책은 공표한 후에 논의하려 하지 말고, 표면화하기 전에 많은 연구와 조사, 대화와 의견수집, 설명과 설득, 협의와 논의, 여과 검증 과정을 거치는 긴 시간이 필요한 것이다. 마치 태아가 10개월 동안 엄마의 몸속에서 자라는 것과 같은 원리이다. 이러한 사전 작업이 급속하지 않게 잘 이루어져야 국민의 저항을 최소화할 수 있고, 정당 간의 소모적 정쟁을 줄일 수 있다.

2. 국회

국회는 국회의원의 근무처이다.

국회의원이 국회에 등원하지 않는 것은 학생이 학교에 등교하지 않는 것과 같다. 등원하지 않아도 할 일을 한다고 주장하는 의원들도 있다고 하는데, 그렇다면 재택근무를 하겠다는 말인가? 국회의원에 대한 높은 대우와 면책 특권이 그들의 정신을 혼미하게 만든 것 같으나, 그것은 불의의 외압으로부터 보호해주기 위한 것이지, 그들을 호강스럽게 해주려는 것이 아니다.

국회의원은 국민의 머슴이다. 머슴이란 편하게 일하는 자리가 아니다.

법안의 국회 장기 계류는 국회의원의 게으름 때문이다. 그것은 직무유기이며 주인인 국민에 대한 무성의함이며 불충이다. 국회에서의 정당 간 극한 대립도 마찬가지이다. 이러한 자세와 행태가 국민을 피곤하게 만들고 화나게 하며, 정치인을 불신하게 하고 있는 것이다. 어떠한 법안이나 정책도 모든 국민을 100% 만족하게 할 수는 없다. 예를 들어, 범죄자들이나 폭력배들은 처벌 강화를 싫어할 것이다. 그래서 민주주의는 다수결의 원칙을 따르고 있다. 최대다수의 행복을 위해서는 다른 묘안이 없기 때문이다. 그러나 옳고 그름의 문제에서는 다수의 의견이 항상 옳은 것은 아니다. 훌륭한 소수 의견이 있을 수 있기 때문이다. 한 가지 예를 들어보자. 대부분의 학생은 공부하는 것보다 놀기를 좋아한다. 다수의 학생이 수업시간을 줄이자고 해서 일주일에 하루만 수업하기로 하는 결정이 옳은 것인가? 과거 선각자들의 사상은 모두 소수 의견이었다.

그러나 분명히 생각해야 할 것은 소수의 의견이 소수만을 위한 것이라면 다수 의견을 제압할 수 없다는 것이다.

3. 정당

우리나라 정당이 과거부터 지금에 이르기까지 국민의 신뢰를 받지 못하는 것은 무엇 때문일까?

조선 시대의 사색당파는 국력을 약화시켜 외세의 침입과 국가 멸망을 가져왔고, 해방 후에는 사상 대립으로 6·25 전쟁과 남북 분단을 가져왔다. 정당의 탄생이 국민의 저변에서 자연 발아되지 않고, 일부 정치 기획자나 정치꾼들에 의하여 인위적으로 조작되다 보니, 국가와 국민에 대한 충성심은 없고 정권 욕구 집단의 목표 달성에만 급급하여 정당 본연의 역할은 소홀하거나 망각하고, 오직 밥그릇 챙기는 것에만 빠져있기 때문이다. 정당에 대한 문제점은 이루 다 서술하기 어려울 정도로 많다. 그러나 여기에서는 현재 한국 정당의 실태에 관하여 몇 가지를 요약하여 지적하고자 한다.

첫째, 존립기반의 비정상이다

존립기반이 지역적으로 편재한다는 것은 우리 국민이 지역적으로 대립하여 분열되어 있다는 것을 나타낸다. 이러한 정당들은 국민 전체, 국가 전체를 대변한다고 볼 수 없다. 이것은 국민 스스로 각성할 문제이기도 하지만, 정당이나 정치인들이 이를 이용하고 때로는 조장하게 된다. 또, 정당이 일부 계층이나 특정 계층에 편향되어 있어서, 정책의 중립성과 형평성, 안정성을 유지할 수 없으며 국민의 화합을 이룩할 수 없다.

민주주의가 정당정치라 함은, 대의정치 제도에서 국민의 여론을 수집하고 잘못 형성된 여론은 지도와 설득으로 바로잡고, 조정하는 지도적 역할도 수행하면서 진정한 문제점이 무엇인지 찾아내고 연구하여 좋은 정책을 수립하는 조직체가 필요하며, 국민은 일정한 수준과 자격을 갖춘 조직체를 만들어 권한을 위임하는 제도라는 말이다. 국회의원은 형식적으로는 지역에서 선출되었지만, 국가를 대표하는 신분이다. 지역에 몰입해서는 안 된다. 또, 표를 많이 준 계층이 있다고 해서 정책 결정의 방향이 흔들려서도 안 된다.

정당의 기본 정책은 이념에 기반을 두어야 하되, '보수', '혁신', '진보' 같은 실체 불명의 관념을 탈피하고 보다 실질적이고 현실적인 목표를 표방해야 한다. 몇 가지 예를 든다면, '서민복지', '국민화합', '사회정의', '중소기업', '환경과 건강', '근로자', '미시적 경제성장', '민족통일' 등 절대적 과제들이 수두룩하다. 정강이 실질적이고 명시적이어야 정당의 활동이 효율성이 있고, 역동적인 정당이 될 수 있고, 가시적인 성과도 거둘 수 있을 것이다.

둘째, 정책의 차별성 부재이다

정당은 정책으로 경쟁하고, 그 성과를 가지고 평가되어야 한다. '정당의 정책들이 특별한 우열이 있겠는가'라고 생각하는 사람도 있겠지만, 똑같은 사안에 대한 정책도 보는 시각과 가치판단이 다르고, 해법도 여러 가지가 있기 때문이다. 기본적 목표와 방향이 같더라도 구체적 내용, 추진방식의 차이나 실행능력에 따라 그 결과는 매우 달라진다.

모든 정책이 담아야 할 공통적인 요건은 필요성, 타당성, 실현가능성, 적절성, 적시성 등이며 부작용도 함께 고려해야 한다. 우리 사회는 실제로 엄연히 존재함에도 정치권이 모르는 척 지나치는 많은 문제가 있다. 국가 대계를 위한 장기적 플랜도 필요하고, 서민복지와 국민의 행복을 위한 장기 대장정도 구상되어야 한다. 그러나 우리나라의 정당들, 특히 양대 정당을 보면 정책적 차별은 찾아볼 수 없다. 보수, 중도, 진보 등의 애매한 관념을 끌어들여 차별을 시도하고 있지만, 아무런 차이를 찾아볼 수 없다. 오직 집권을 위해서 모든 수단을 다해 싸우고 선거에서의 득표수 계산에 집착하다 보니 정책의 안정성, 연속성도 없이 계속 흔들리고 있는 것도 양당이 비슷하다.

셋째, 정당의 행태이다

여당은 과거부터 독선과 오만에서 벗어나지 못하고 있는 것이 사실이고 야당은 대안도 제시하지 못하고 저열하고 감정적인 막무가내식 반대의 속성에서 벗어나지 못하고 있는 것이 우리 정당의 모습이다.

국민은 정당들의 진흙탕 싸움판에 실망을 넘어 역겨움을 느끼게 되었으며, 정치 기피 현상을 가져왔다. 국민에게는 여당파, 야당파 외에 무당파가 생겨나고 이 세력이 가장 큰 편이다. 이들은 정당의 역기능을 주장하며 정당 무용론을 주장하기도 한다. 양대 정당은 정책 대결보다 지역 대결의 색채가 더 강하다. 정당들은 모두 정권을 쟁취하는 것이 목표이며 목적이라고 떳떳이 공언하고 있다. 정치학에서 정당의 목적이 집권이라고 기술한 것은 정당의 속성을 표현한 것이지, 국민의 행복 같은 것은 아랑곳없이 무조건 정권을 잡는 것을 허용한다는 뜻이 아님을 그들도 알 것이라고 생각한다. 정당에 대한 정치학적 정의는 정당이 정권을 잡기 위한 모든 수단을 합리화하는 문제점이 있다. 정당들이 그토록 정권을 잡고자 발버둥 치는 것이, 국민을 그토록 사랑하기 때문이라는 것일까?

정당들은 정권을 "쟁취"한다느니, "창출"한다느니 자기들 마음대로 내뱉고 있는데, 그것은 국민을 존중하는 태도가 아니다. 매우 불손한 언동이다. 정권은 전쟁처럼 싸워서 뺏는 것이 아니다. 최선을 다하고 국민의 선택을 가만히 기다리노라면 국민이 선물로 주는, 이른바 "진인사대천명"이다. 국민은 정당이 투쟁으로 정권을 쟁취하는 것을 바라지 않는다. 오로지 열심히 일하는 것을 보고 싶을 뿐이다. 과거 스위스에서는 대통령직을 맡고자 하는 사람이 없어 여러 사람이 돌아가면서 맡기로 했다고 한다. 정당에 충성을 서약하는 사람도 있는데, 정당이란 충성의 대상이 아니라 정치활동을 위한 도구에 불과한 것이다.

나라에 충성하면 그것이 정당을 위한 것이 된다. "야당"이란 집권을 하지 못한 상대편(반대편) 당이라는 뜻이지 반대하라는 당이 아니다.

무조건 강력한 반대로 "야당성"을 주장하는 정치인은 야당의 본분이 무엇인지 모르는 사람이다. 중(스님)이 제 머리 못 깎는다는 말이 있듯이 야당은 객관적 입장에서 여당의 잘못을 찾아내고 불의에 맞서며, 보다 좋은 정책을 개발하고, 평상적으로는 국익을 위해 여당을 돕는 선의의 경쟁자가 되어야 하는 것이다. 여당은 야당을 아우르고 사랑하며 야당을 국정의 동반자이며 친구의 자세로 격려하고 채찍질해야 할 것이다. 상대방을 쓰러뜨리려는 것은 자기만을 위한 것이고, 상대방보다 잘하는 것은 모두를 위한 것이 된다. 정당이라는 작은 틀, 우물 속 개구리의 생각에서 벗어나야 한다.

4. 정치인

정치인들을 살펴보자.

"정치인"도 직업으로 분류되지만, 생계를 위해 일하는 일반 직장인과 다르게 나라를 경영하는 임무를 부여받은 특수한 사람들이다. 그러나 이들은 적성검사도 없고, 입사시험도 없으며, 해고도 없고, 정년도 없다. 진입은 쉽고 퇴출은 어렵다. 만고에 없는 최고 직업이다. 정치인에 대하여서는 어떠한 검증 과정도 없고 여과 장치도 없다. 선거라는 유일한 방법이 있다고 하지만, 그것으로는 인성과 능력을 알 수 없고, 투표라는 것이 객관성이 없고 극소수의 의견으로도 효력을 인정하고 있기 때문에 타당성이 결여되며, 우연과 운에 의하여 또는 부정한 수단에 의하여 결과가 결정되는 경우도 많다. 또한 후보자들(출마자들)을 같은 식구의 정치인들이 결정하여 국민(선거권자)에게 선택하라고 하는 것은 국민의 권한을 제약하고 선택의 자유도 좁게 제한하는 것으로 큰 문제점이다. 우리 정치인들이 인격과 자질, 애국심과 투철한 봉사정신, 정의와 양심을 갖추고 이에 따른 행동과 실천이 따른다면 정치인에 대한 앞서 제기한 문제들은 기우로서 우려할 필요가 없을 수도 있다. 그러나 현실적으로 그들의 정당 활동이나 국회에서의 활동, 사생활에서 보듯이 그들은 거의 모든 사회적 비리와 범죄 부패에서 빠지지 않고 등장하며 정상적인 모습은 찾아보기 힘들다.

우리는 수많은 청문회, 뇌물 사건에서 그들이 잘못을 고백하고 뉘우치는 것을 본 적이 없으며, 부끄러워하기는커녕 하나같이 거짓말하고 당당하고 뻔뻔스러움만을 보아왔다. 그래도 그들은 모두 학력이 출중하고 똑똑하며 용모도 잘생긴 우리 사회의 "엘리트"이다. 수많은 하층 민초들에게는 어안이 벙벙하고 기가 막히며 정신이 혼란 상태에 빠질 뿐이다. 모든 인간, 특히 정치인들에게는 "도덕성"이란 구시대적이고 사소한 문제가 아니라 모든 것의 기초이며, 누구에게나 필요한 최소한의 요소이며 인간의 기본인 것이다. 기초와 기본을 무시하고 무엇이 똑바로 될 수 있단 말인가? 그래도 정치인들은 경륜이나 경험을 얘기하며, 정치판에서 뼈가 굵어졌다 하면 너도나도 대권을 탐하고 있으니 국민이 보기에 참으로 한심스럽고 나라의 미래가 걱정되지 않을 수 없다. 정치는 머리나 경륜이 있다고 잘할 수 있는 것이 아니다. 정치란 속성상 권력이라는 욕망을 버릴 수 없고 부수적으로 따르는 명예와 물질 등 세속적 욕구와 유혹이 동반되기 때문에, 정치권력의 맛을 한 번 경험하면 그 달콤함에 중독되고 만다. 초심은 변질되고 깨끗했던 사람도 자기도 모르게 타락하고 만다. 머리는 냉철함이 없어지고 피는 오염되어 순수하고 뜨거운 열정은 어디론가 사라진다. 정치 경험은 자칫 술수와 요령, 기회주의에 빠지는 경우가 훨씬 많은 것이 현실이며 이것이 정치 경륜의 역기능이다. 정치권에서는 걸핏하면 권력구조를 꺼내는데, 우리 정치의 근본적 문제점은 권력구조가 아니다. 대통령제가 문제가 아니고, 대통령이 강한 힘을 가지는 것이 문제도 아니다. 힘을 옳게 쓰지 않는 것이 문제일 뿐이다. 힘이란 수수한 것이다. 불과 같은 성질이다. 잘못하면 화재가 일어난다고 해서 불을 없앨 것인가? 사람의 문제를 보지 않고 제도 탓만 하는 것이다. 정치는 누구나 할 수 있는 기회는 있으나 아무나 할 수 있는 것은 아니다. 모든 사람이 그만한 자격과 자질이 있는 것은 아니기 때문이다. 따라서 정치는 아무나 해서는 안 된다. 앞으로 다가올 대개혁과 정돈의 시대에는 더욱더 강력한 리더십과 살신성인의 용기, 큰 안목과 넓은 포용력을 갖춘 영웅 같은 지도자가 나타나야 한다.

5. 인재의 발탁과 퇴출

정치는 제도와 사람이 하는 것이다.

아무리 사람이 잘하려 해도 만들어진 제도를 벗어나거나 깨트릴 수 없다. 제도가 나쁘면 사람의 능력을 제대로 발휘할 수 없다. 반대로 아무리 제도가 잘 갖추어져 있어도 사람의 자질이 나쁘거나 무능력하다면 제도는 기능을 제대로 발휘하지 못한다. 오늘의 우리 정치는 제도보다 사람에게 문제가 더 많다. 국민을 대표하여 국가를 이끌고 가야할 정치인들이 법과 제도를 앞장서서 지키는 모범을 보여야 함에도 오히려 법과 질서를 무시하고 법과 제도 위에 군림하고자 하고 있다. 이것은 정치인의 정계 진입과 진입 후 성장에 있어 기준과 규칙이 없으며 투명하고 객관적인 검증과정이 없기 때문에 배경, 인맥, 청탁, 아부에 의하여 발탁되고 성장하는 토양이 만들어 낸 결과이다. 인재의 성장 과정에서 공직사회가 기업체보다 훨씬 엉망이라는 것은 공직사회에서는 아무도 부인하지 못하는 엄연히 존재하는 공공연한 비밀이다. 공무원이 직무능력에 의하여 고위직(국장급 이상)이 되는 것은 거의 불가능하다. 그 사람의 인품, 자질, 능력은 아무 소용이 없고 오직 정치권력의 지원이 있어야만 발탁, 승진되는 것이 우리나라의 현실이다. 따라서 그들은 모두 술수에 능한 기회주의자들이다. 수많은 주요 정책들은 이들 고위직의 머리에서 나온 것이 아니고 중·하위직으로부터 창안되고 개발되었다는 것을 아는 사람은 거의 없을 것이다. 그럼에도 불구하고 정치권의 최고 지도자들은 "존안카드"니 "인재 풀"이라 하며 참으로 인품 없고 능력 없는 고위 관료 경력자나 중견 정치인 중에서 요직의 인재를 발탁하고 있다. 외형적 스펙이나 명성, 또는 경륜만을 중시하고 숨어있는 인재를 찾지 못하고 있으며 찾으려는 발상이나 노력조차 안 하고 있다. 오늘날 우리 정치가 바로 서지 못하는 이유를 이제 이해할 수 있을 것이다.

  과거 모 대통령이 중앙부처 과장급인 어느 지방의 군수 출신을 일약 6계단을 승급시켜 장관에 발탁한 것은 신선한 시도였다. 마치 조선시대 류성룡이 일개 현감이었던 이순신을 6계단 승진시켜 전라 좌수사로 발탁한 것과 같다. 대통령도 완전한 인격자가 아니다. 그러므로 자기를 위해 힘써 주고 공을 세운 주변 사람들에게 보답하기 위하여 공직에 등용하고 싶을 것이다. 과거의 역사에서 보듯이 아무리 훌륭한 영웅이라도 나라를 세우는 데 공을 세운 부하를 어찌 등용하지 않을 수 있겠는가? 어느 국가, 어떠한 정권도 논공행상이나 엽관 행위가 전혀 없을 수는 없을 것이다. 그러나 그것은 국익과 정도(正道)라는 대원칙을 벗어나서는 안 된다. 인재를 발탁함에 있어서는, 특히 최고 통치자는 사심을 가져서는 안 되며 절대 어겨서는 안 되는 원칙과 기준을 세워야 한다.

  그 첫째는 능력이다. 여기에서 말하는 능력은 흔히 말하는 학식, 경력, 명성 등을 말하는 것이 아니다. 그 사람 속에 내재된 본질적 능력을 말한다.

  둘째는 기본적 인격이다. 학식과 높은 지위의 경험은 인격과 무관하다. 도덕성을 갖추고 세속적 욕망이 없으며 주관이 뚜렷하되 독선이 없는, 인간을 사랑하는 심성을 지닌 것을 의미한다.

셋째는 애국심과 멸사봉공의 정신, 크고 긴 안목, 강한 의지와 추진력이다.

이러한 인재를 찾고 검증하기 위해서는, 정형화된 조직의 시스템과 방법으로는 불가능하다. 지금까지의 경험과 실례가 그것을 증명하고 있다. 후보군은 제한을 두어서는 안 되며 누구나 후보에 참여하고 지원할 수 있는 오픈 시스템이 필요하다. 통치자는 하부 참모 조직이 수집한 자료를 이용하거나 참고하되 판단이나 평가를 참모에게 의뢰해서는 안 되며, 통치자 자신이 후보자의 능력과 자질을 검증하는 방안을 연구하여 직접 검증, 확인하여야 한다. 참모 조직이 수집 제출한 자료와는 별도로, 통치자가 직접 정보를 수집하여 무한한 인적 자원으로부터 숨어있는 인재를 발굴하고, 그들을 주관적으로 하나하나 검증하고, 그들이 지닌 철학과 소신, 정책구상 등을 확인하여 적격 인재를 선정하는 통로를 가설하여야 한다. 주관적 검증방법은 서류나 전화 등이 아닌 개별적 독대 면접으로, 정책 구상을 자유롭게 토론하는 방식을 취하되 충분한 시간이 주어져야 할 것이다.

대통령은 여러 방면의 비선 조직을 가질 수 있다. 통치를 잘하기 위해서는 계선 조직으로부터만 자문을 받아야 하는 것이 아니며 국민 누구에게라도 가감되지 않고 순수한 의견을 구할 수 있어야 하고, 이를 참고할 수 있는 것이다. 조직의 상하 관계 특성상 보조기구나 하부조직은 항상 정보를 정리·가공·선택하는 속성을 지니고 있다. 이것이 정보를 왜곡하는 조직의 병폐이다. 또, 보좌진은 개인적 편견이나 주관을 정보에 가미하는 경향이 많다. 통치자는 이를 철저히 감시하여야 한다.

흔히 말하는 '지역안배'는 인재 발탁의 원칙이 될 수 없다. 훌륭한 인재를 발굴한 결과가 우연히 지역적으로 편중된다 하더라도 객관적으로 올바른 선택이라면 아무도 이의를 제기할 수 없으며, 통치자는 일부 정치세력의 쓸데없는 불평 불만에 흔들릴 필요가 없다. 그동안 '지역안배'라는 주장이 자주 등장했다는 것은 인재 발탁이 떳떳하고 훌륭하게 이루어지지 않았음을 반증하는 것이다. 그저 경륜만을 보고, 통치자가 정권의식, 사심, 취향 등에 맞춰 때 묻은 정치인들을 발탁하다 보면 당연히 야당이나 특정 지역의 반발이나 불만이 있을 것이다. 그러나 인위적인 지역안배는 정도가 아니다. 그리고 인재 발탁 과정에서 가끔 제기되는 '행정경험', '정치경륜' 부족 얘기는 정치인의 고질적인 기득권 집착 사상에서 나온 때 묻은 생각이다.

참으로 잦은 개각에 대하여 잠깐 말해본다.
첫째 원인은 인재발탁의 실패에 있다. 평범한 국민의 입장에서 보아도 능력, 인품, 충성심, 추진력, 봉사정신, 도덕성 등 어느 하나도 마음에 드는 사람이 별로 없다. 그것은 정치권의 시각과 국민의 시각이 어떤 면에서 매우 다르다는 것이며, 정치권에서 제일 먼저 거론하는 전문성(고위직 경력, 정치경륜, 학자)과 경력으로 모든 것을 평가하여 발탁했기 때문이다. 정무직은 정책결정, 정책판단의 위치이다. 따라서 실무적인 경험보다 명석한 판단력, 뚜렷한 주관, 큰 안목, 멸사봉공의 충성심이 필요하다. 마치 대통령의 자리가 대통령 경험자여야 되는 것이 아닌 것과 같다.

둘째 원인은 야당의 유치한 정치 공세이다. 야당의 잦은 각료 퇴진 요구는 정치·행정의 안정과 일관성을 해치며 야당에게도 도움이 되지 않는 쓸데없는 짓이다. 속된 표현을 하자면 집권자의 입장에서는 논공행상의 차원에서라도 대기하고 있는 사람을 등용하고 싶을 것이다. 대단치 않은 사건 하나로 선장을 자주 바꾸는 것은 고쳐야 할 습관이다.

정치·행정의 조직에 있어서 가장 문제가 되는 것이 지연, 학연, 인맥 등의 소집단주의이다. 이러한 소집단주의는 배타적 이기주의를 속성으로 가지고 있기 때문에 대의보다 소의(소집단간의 의리)를 중시하여 공과 사의 구별이 흐려지게 된다. 따라서 국가적 정책이나 대사를 경영하거나 개혁 작업을 수행함에 있어서는 큰 장애요인이 될 뿐아니라 국민 화합을 저해하는 암적 요소이다.

사법, 법무,
교정행정

유전무죄, 무전유죄라는 말은 오래전부터 지금까지 통용되는 말이다. 사법부가 정치권력에 약하고, 경제 범죄에 관대하며 심지어 중범죄에 대하여도 온정주의가 흐르고 있으나, 각종 서민형 범죄에는 비교적 엄격하다는 것은 국민 모두가 느끼는 현실이다. 이것은 사법부가 권력을 비판하기에 앞서 정신적으로 독립하지 못한 것이며 세속에 오염되어 있음을 나타내는 것이다. 법관의 세속화는, 최후의 보루로 여기는 사법부마저 무너져버린 허탈함을 느끼게 한다.

집행유예는 선심 쓰듯이 얼마나 많이 사용하는지, 마치 유행처럼 변질되었다. 요새 범죄자들은 집행유예를 형벌로도 생각하지 않을 정도이다. 법조계와 사법부의 이권 챙기기와 편의주의가 결합한 결과라고 본다. 이래 가지고도 범죄 예방효과가 있는지 알 수 없는 일이다. 또, 사면, 가석방, 형 집행정지 등도 왜 그리 흔하고 많은지 모르겠다. 평소에는 건강체처럼 활기 있고 으스대던 사람들이 감옥에만 가면 휠체어를 타고 병자 행세를 하여 병보석으로 나오고 있다. 이 또한 형 집행 기관이 규정을 엄격하게 지킨다면 이러한 애들 장난 같은 상황이 되지는 않을 것이다.

혹시 교도소 시설인 감방이 부족해서 마구 풀어주는 것일까?

최근의 추세로 보면 범죄자에 대한 단죄가 점점 관대해지고 있다. 실제로 근래 범죄자의 인권을 들먹이는 경우도 심심찮게 볼 수 있다. 사형집행 보류도 사형수 인권 배려와 일맥상통하는 조치이다. 아무리 많은 사람을 죽여도 사형을 시키지 않는다면 살인자의 입장에서는 살기 좋은 세상이다. 남을 죽일 권리는 있어도 자기의 죽음은 면제받는, 참으로 이상한 논리이다. 모든 국가는 다수의 국민을 위하여 소수가 희생함으로써 유지되고 있다. 모든 사람이 힘들고 싫은 일을 안 하고 편하고 좋은 일만 하려 한다면 나라는 유지될 수 없다. 전쟁도 젊은 군인들이 목숨을 바쳐 다수의 국민과 국가를 지키지 않는가? 범죄자의 인권은 신경 쓰고 피해자의 인권은 등한시되는 논리와 추세는 과연 무엇이며 논리적으로 합당한 것인가? 우리가 가정에서 어린아이를 가르치는 것도 사랑의 매가 따끔해야 교육 효과가 있는 것이지, 장난처럼 흉내만 내는 것은 아니 하는 것만 못하다는 것을 안다. 세상에 완전무결한 것은 하나도 없는데도 사법부만 완전을 가장하는 위선적 사고를 하거나, 판결에 대한 책임을 회피해서는 안 될 것이다.

교정 행정 역시 엉망 수준이다.

강도, 절도, 사기 등 각종 범죄자들은 감옥에서 서로 정보를 교환하고 새로운 기술과 방법을 배워서 출소한다고 한다. 참으로 걱정스럽고 한심한 일이다. 교정 당국이 이를 모른다면 그야말로 있을 수 없는 일이고, 알면서도 대책을 세우지 않고 있다면 직무유기이며 범죄 조장 행위이다. 얼마나 교도소가 지내기 수월하면, 교도소 들어가기 위해 일부러 죄를 짓는 사람도 있을까? 그 사람은 힘든 세상살이보다 교도소가 더 낫다고 말한 바 있다.

교정 행정은 엄격해야 한다. 교도소가 죄를 뉘우치는 곳이 되어야 하지, 오히려 편히 요양하는 곳이거나 범행 기술이나 배우는 곳이라면 교도소를 운영할 필요가 없다. 국민에게 보이기 위한 전시 행정이 되어서는 안 된다. 해결 방안이 없는 것은 아닐 것이다. 먼저, 교도소 시설을 현대화하는 데 초점을 맞추지 말고 작은 독방 시설을 늘리는 방법이다. 물론 많은 예산이 소요될 것이다. 그러나 방향은 옳게 잡아 나가야 할 것이다. 그리고 획기적인 예산절감과 범죄예방 및 교정 효과를 노릴 수 있는 방안으로는 중동지역 이슬람권의 태형제도이다. 서구인들은 이를 비문명적 행위라고 지적하지만, 이 제도는 우리보다 선진적인 싱가포르에서도 현재 유지하고 있다.

경제

개인 – 나만 부자 되면 나라가 망해도
　　　큰 걱정 없다 (외국으로 가면 된다)

기업 – 정부가 성장만 부르짖으면 고맙다

정부 – GDP만 상승하면 된다

1. 성장과 분배

경제는 순환이 생명이다.

국내 생산이든 수입이든, 양이 많고 적든, 모든 재화는 한 곳에 고여 있거나 정체되지 않고 계속 순환해야 한다. 인체에 비유한다면 체격은 크든 작든 혈액이 잘 순환되어야, 순환계에 이상이 없어야 건강하다. 경제는 양적으로 많이 성장했는데도 대다수 중산층이나 서민들은 전보다 살기 힘들다고 말한다. 계층 구조를 보면, 부유층은 증가하였으나 중산층은 쭈그러들고 서민층은 대폭 증가하였다. 부의 편중과 재화의 정체로 소득의 양극화는 심화되고 편중된 재화는 효율적으로 활용되지 못하여 경제 기반인 내수시장이 침체되고 약화되었다. 성장이나 분배냐를 두고 정치권이 논쟁하지만, 사실은 논쟁거리도 아니고 수수께끼도 아니다.

개념의 이해를 위해 우리 주위에서 듣거나 경험한 사례를 예로 들어 보겠다.

한 사람은(현실은 거의 모든 사람이) "내가 부자가 되면 남을 도울 수 있다."고 말하고 다른 한 사람은 "살아가면서 내 형편 되는대로 주위 사람을 도와야 한다."고 주장한다. 이 두 사람의 설전은 서로 일리가 있는 말이다.

그렇다면 두 사람의 생각 중 어느 것이 옳을까?

불가에서는 소승불교와 대승불교를 구분한다. 오직 계율에 충실하자는 소승불교는 자기완성이 목표로, 자기 자신도 홀로 서지 못하는 주제에 어떻게 남을 돕겠다고 할 수 있겠는가라는 논리의 합리적인 사상이다. 후자가 주장하는 것은 대승불교의 입장으로, 대승불교는 계율을 지키면서 동시에 중생을 교화(구제)하자는 것이다. 이 논지의 근거는 보다 현실적인 현상에 접근한 것으로, 자기완성이나 부자가 되는 것은 실현 가능성도 희박하여 어쩌면 평생 이룰 수 없을지도 모르며, 또 이룩한다 해도 그 시기가 언제일지도 알 수 없다는 것이다. 자기완성 후, 또는 부자가 된 후 남을 도우려 한다면 그동안 수많은 중생이 배고픔과 번뇌 속에서 시달리다가 죽어갈 것이다. 두 가지 사상을 논리적으로 접근하면 논쟁은 끝이 없을 것이다.

또, 기독교에서도 가톨릭과 개신교 간에 구원을 받기 위한 방법론에 차이가 있다.

개신교에서는 오직 "믿음"이면 구원을 얻기에 충분하다고 주장하고, 가톨릭에서는 "믿음"과 더불어 "선행"을 베풀어야 한다고 주장한다. 이 두 가지 역시 큰 차이가 있다고 볼 수는 없다. 가톨릭의 선행론은 성경의 말씀을 실천하자는 것을 강조한 것이라고 볼 수 있다.

인간사는 논리만으로 해결할 수 없다. 인간 본능의 문제가 바로 그렇다. 그것은 본능의 하나인 의식주 문제이다. 먹어야 사는데 먹을 것이 없다면 어떻게 해야 하는가? 잠잘 곳이 없는데 추위와 더위와 비바람을 어떻게 해야 하는가? 이것이 바로 우리 국가, 우리 사회, 우리 경제가 안고 있는 핵심 문제이다. 성장과 분배는 반드시 순서를 매길 문제가 아니다. 성장은 분배를 낳고, 분배는 성장을 가져온다. 양어깨로 끌어야 할 두 바퀴의 수레이다. 옛말에 콩 한 쪽을 열 사람이 나눈다는 말이 있다. 분배 없는 성장은 의미가 없지만, 성장이 없다 해도 분배는 있어야 하는 것이 자유 민주사회의 원리다.

2. 양과 질

서두에서도 언급한 바 있듯이 국가가 커야만 국민이 행복한 것은 아니며, 국가 경제의 총체적 양이 커야만 잘 사는 것은 아니다. 중국이 규모가 크고 경제 규모가 세계 2위이지만, 삶의 질은 우리의 몇 분의 일 수준에 불과하다. 국민의 삶의 질은 국가의 GDP 규모가 말해주는 것이 아니며, 부의 편중이 심화된 나라에서는 1인당 GDP마저도 큰 의미가 없다.

21세기 자본주의 경제는 대규모 자본력이 모든 기회를 선점하고 독점적 우위를 유지할 수 있게 경제적, 정치적 파워를 지니고 있기 때문에 공정한 자유경쟁시장이 성립하기 어렵다. 따라서 중소기업이나 서민층과 같은 약자는 더욱 경쟁에서 밀려나고 계층상승이나 신분상승을 이룩할 가능성이 없어졌다. 우리는 실제로 대기업을 중심으로 한 GDP 성장률이 국민의 삶의 질이나 가계경제에는 실질적으로 거의 혜택을 주지 못했음을 20여 년간의 실생활에서 경험했다. 우리는 큰 나라만 쳐다보지 말고 작은 나라들에서 많은 것을 배울 필요가 있다. 그 예로 스위스, 덴마크, 싱가포르를 들 수 있다. 스위스는 2015년 현재 1인당 국민소득이 세계에서 가장 높은 나라이다. 동시에 빈부의 격차도 가장 작은 나라로 알려져 있으며 정치적으로도 가장 안정된 나라이다. 경쟁성장 효과가 현실적으로 가계경제에 나타나지 않고 거시경제 지표나 숫자상으로만 나타나는 데 그친다면 그것은 국민을 위한, 살아있는 착한 성장이 아니다. 경제의 활성화는 국민의 자발적 참여 없이 정부의 일방적 정책 시행만으로 이루어지는 것이 아니다. 먼저 경제의 본모습인 순환과 유통의 의미를 찾아야 할 것이다.

3. 부유층과 빈곤층

부유층은 그동안 부를 형성하기 위하여 많은 노력을 해온 것이 사실이다. 이러한 그들의 눈에는 빈곤층이 빈곤하게 된 원인은 스스로 노력을 안 하고 게을렀기 때문이거나 자기 능력을 개발하지 않았기 때문이라고 할 수 있다. 그러나 그것이 부분적으로는 맞을지 몰라도, 분명히 빈곤층을 모독하는 것이며 부유층이 말하는 능력이라는 개념 자체가 정체성이 모호하고 순수성도 결여되어 있다. 20세기 말부터 시작된 신자유주의 경제시대 이후, 거대 자본과 거대기업은 국가의 통제 범위를 벗어나 공룡화되었고 막강한 파워와 높은 자본 수익력에 의하여 새로운 부유층이 탄생하였으나 화이트칼라인 중산층은 힘을 상실하고 서민층은 더욱 빈곤해지는 양극화 현상이 심화되어 이미 자유 시장 경제는 공정한 시장 경제라고 볼 수 없게 되었기 때문이다. 빈곤층은 기본적으로 어떤 목표를 향해 나아갈 최소의 추진력마저 낼 연료가 없다. 그렇다고 그들에게 수단 방법을 가리지 않고 규칙과 질서를 무시하고 좌충우돌 마구 뛰라고 할 수 있는가? 제한된 링 안에서 경량급 선수가 어떻게 헤비급 선수를 상대할 수 있는가?

부유층이나 대기업도 옛날엔 가난한 서민이었거나 초라한 구멍가게에서 출발했을 것이다. 그들이 지금의 위치에 올라서기까지의 과정에서 그들은 수많은 개미인 서민층과 빈곤층을 대상으로 하여 사업을 하였으며 그것을 기반으로 성공을 이루었다는 것을 망각해서는 안 된다. 부유층의 문제는 "노블레스 오블리주"정신의 결여와 다 같이 사회 구성원이라는 공동체 의식이 부족하여 구성원의 의무를 충실히 수행하지 않는다는 것이다. "사회 환원"이라는 말은 억지로 만들어낸 것도 아니고 강요하는 말도 아니다. 인간사회 공동체의 순리인 것이다. 부유층이나 대기업, 나아가서 국가 경제는 인구 대부분을 구성하는 중산층 이하 서민층의 기반 없이는 성립할 수 없다. "무졸지장"이라 했다. 졸이 없는 장수가 장수로서 존립할 수 있는가? 넓은 초원에 사자만 있고 잡아먹을 동물이 하나도 없다면 사자는 곧 굶어 죽고 말 것이다. 마찬가지로 이 사회에 일부 부유층만 존재한다고 하면 그 사회가 얼마쯤 버텨 나갈 수 있는가?

부유층은 이제 적극적으로 사회에 기여하고 축적된 부를 환원하여 빈곤층을 돕고 키워야 한다. 사회 환원은 뺏기는 것이 아니다. 씨앗을 뿌려야 곡식을 거둘 수 있듯이 경제가 선순환 하도록 최소한의 투자를 하는 것이다.

4. 대기업과 중소기업

우리나라 대기업은 정부의 지속적인 성장위주 정책의 도움을 받아 꾸준히 성장해 왔으며 이제 자생력을 완전히 확보하였다. 이제 대기업은 규모의 경제를 잘 활용하여 글로벌 기업으로 뛰어올랐다. 대기업은 우리나라 경제의 근간을 이끌어 왔고 지금도 이끌어 가고 있을 뿐 아니라 국가의 위상을 높이는 데 큰 공을 세웠다. 그러나 이러한 역할과 성과에도 불구하고 이제 대기업 중심의 기업구조 시스템을 점검할 필요가 제기되고 있다. 그동안 대기업을 중심으로 이룩한 GDP의 양적 성장에 도취되어 성장의 그늘을 제대로 돌아보지 못했다.

국가의 경제력이 소수의 대기업에 집중되어 있어, 만일의 경우 하나의 대기업에 문제가 생겨도 나라 경제는 파국에 이를 수 있는 것이다. 정상적인 경우 기업의 저변은 중소기업이다. 우리나라의 경우 중소기업이 육성되지 못하여 산업 저변을 튼튼히 다지지 못하였다. 지반이 약한 대지 위에 고층빌딩을 급히 건축하다 보니 지내력 문제는 미처 생각해 볼 여지가 없었다. 고층건물이 앞으로 100년 이상 아무런 문제 없이 버틸 수 있는지, 안전문제가 생기지 않을지 점검해 볼 때가 된 것이다. 경제를 정상적 구조로 만들기 위하여 중소기업을 살펴보니, 중소기업은 대기업의 하수인 격이 되어 이른바 "갑"과 "을"의 종속 관계에 놓여있는 것이다. 우리나라 중소기업은 기술을 연구 개발할 재정적 여력이 전혀 없는 회사가 거의 전부이다. 그나마 일부 중소기업이 특허 기술을 개발했다 해도 이를 실용화할 재력이 없어 일부는 헐값에 대기업이나 특허 기술 사냥꾼의 손에 넘어가며 나머지 대부분은 사장되고 만다. 그리하여 기술 인력을 보유한 회사마저 신기술 개발을 포기하거나 아예 시도하지 않는 실정이다. 중소기업은 지금 대기업으로부터도 하대 받고 정부로부터도 적극적인 지원을 받지 못하고 있다. 중소기업의 경영 곤란은 점점 심해지고 있다. "기업이 살아야 일자리가 생긴다."는 광고가 있다. 맞는 말이다. 중소기업은 1,800만 우리나라 근로자의 90%에 육박하는 약 1,600만 명을 고용하는 국민의 일터이다.

2014년 기준 통계에 의하면 우리나라 30대 대기업이 고용하는 근로자 수는 125만 명에 불과하다. 따라서 중소기업이 살아야 일자리가 생기는 것이다.

중소기업이 살려면 어떻게 해야 할까?

중소기업이 살아나기 위해서는 내수경기가 살아나야 한다. 중소기업은 대기업보다 더욱, 일부 특별한 회사를 제외하고는 대부분 내수에 기반을 두고 있기 때문이다.

내수 경제는 어떻게 해야 살아날 수 있을까?

내수 경기가 살아나려면 중산층과 서민층이 살아나야 한다. 양적으로 축소되고 질적으로 위축된 중산층은 서민층이 살아나야 부담이 줄어들 수 있으며 살아난 서민층 일부가 중산층으로 상승할 수 있다. 결국, 국민의 과반수인 서민층이 살아나야 중산층이 살아나고, 서민층과 중산층이 살아나야 내수경기가 살아나고, 내수경기가 살아야 중소기업이 살고, 나아가 대기업도 살아나게 된다. 내수경기 회복이나 활성화의 열쇠는 바로 서민층인 것이다.

부유층은 소득이 늘어나도 소비로 이어지지 않는다. 그러나 서민층은 늘어난 소득이 모두 소비로 지출된다. 그러나 지금 서민층은 매우 힘들고 하위 40% 정도가 빈곤화되어있다. 이제 정부와 정치권은 무엇을 해야 하는지 깨달아야 한다. 통치자와 경제 정책팀은 짧은 교과서적 경제이론 지식으로 나라를 이끌지 말고 한국의 실정에 맞는 한국적 경제 정책을 수립하기 바란다. 대기업은 하청 관계에 있는 중소기업이 영원히 굽실거리는 졸개로 남기를 바라지 말고 사자를 구한 생쥐의 우화를 깊이 명심하고 아우처럼 적극 도와주어야 할 것이다. 우선 납품 대금이라도 몇 개월짜리 어음을 발행하는 관행을 없애고 납품 즉시 현금 결제하여 중소기업의 자금난을 조금이라도 덜어주어야 할 것이다.

5. 수출과 내수

우리 기업, 특히 대기업은 수출을 기반으로 성장하였다. 그러나 그 수출은 내수가 뒷받침해주고 있다. 수출의 첫째 단계는 시장개척, 즉 거래선 확보이다. 그다음 중요한 것이 가격 결정이다. 고도의 기술 수준을 필요로 하는 일부 상품을 제외하고 거의 모든 상품은 협상의 최대난관이 가격 문제이다. 한 회사가 어느 제품의 가격을 결정함에 있어, 수출상품 가격을 먼저 결정하고 나서 그 후에 내수시장 판매 가격을 결정한다는 것을 아는 사람도 많지 않을 것이다. 회계학적 원가 결정 메커니즘이기 때문이다.

국가 간 가격경쟁 때문에 일반적으로 한 상품의 수출 가격이 내수시장 시판가격보다 낮게 마련이다. 그러므로 수출을 많이 할수록 자국민이 국내에서 해당 상품을 구매할 때 부담하는 금액(소비자 가격)은 더 커지게 된다.

수출의 필요성과 장점이 크지만, 수출이 만사를 해결하는 보도는 아니다. 무리한 수출성사로 인하여 출혈 수출이 되어 경영이 어려워진 중소기업이 꽤 많다. 최근 세계 경제의 전반적 침체와 FTA 체결 등으로 수입물가가 저렴한 편이지만, 또 다른 수입물가 하락원인은 내수 수요의 감소가 큰 원인이다. 정부가 수출만을 장려하고 내수 시장을 경시한다면 수출기업의 경영성과도 점점 나빠지게 될 것이다. 수출과 내수는 상호 보완하는 이와 잇몸의 관계와 같다. 따라서 이 문제 역시 내수 시장의 주 고객인 서민층의 소비 능력을 키우는 것이 필요하고, 중요한 과제로 등장하게 된다는 것을 깨달아야 할 것이다.

6. 투자와 일자리

기업의 투자가 반드시 일자리를 창출하는 것은 아니다. 특히 대기업의 투자는 더욱 그러하다.

21세기에 들어서 산업기술은 급속하게 발전하여 IT, 자동화, 로봇이 노동력을 대체하여 생산성을 높이고 비용(인건비)을 절감해 가는 것이 앞으로 대기업의 추세이다. 따라서 일자리 늘리기는 더욱 어렵게 되었다. 이와 같은 일자리 창출 없는 투자 현상은 점점 늘어날 것이다. 정부나 경제팀은 대기업이 많은 유보자금을 보유하고 있다고 해서 그들의 투자에 많은 기대를 걸고 있는 모양이지만, 경제성장률 계산에 도움이 될지언정 노동력 증가를 기대해서는 안 될 것이다. 또 기업은 이익 잉여금을 가지고 투자하는 것이 일반적인 상식이지만, 투자자나 경영자의 입장과 생각은 우리와 다르다. 그들은 잉여금이 많다고 반드시 투자하는 것도 아니고 잉여금이 없다고 하여 절대 투자를 안 하는 것도 아니다. 기업은 치열한 경쟁 속에서 사업성이 있고 이익 창출이 확실하다고 판단될 때 그들의 필요에 의하여 투자를 결정한다. 기업의 투자를 정부의 힘으로 요구하거나 간섭할 수도 없다. 대기업이 현재 많은 잉여금을 유보하고 있다는 것은 그만큼 경제전망이 어둡고 투자할 곳이 없다는 증거이기도 하다.

따라서 앞으로 일자리 창출은 일자리를 90% 가까이 담당하는 중소기업에 희망을 걸어야 한다. 중소기업과 자영업이 살아야 일자리가 생긴다. 중소기업은 시설, 기술, 마케팅, 인력 등 모든 면에서 열악하기 때문에 중소기업이 이익이 발생하고 잉여자금이 생기면 투자로 이어지고 일자리를 늘리거나 일자리의 질을 높일 확률이 굉장히 높다는 것을 깨달아야 한다. 대기업의 막대한 유보금 정체 문제는 정부의 기업 정책과 현 세제의 영향도 크기 때문에 앞으로 세제개편과 연관 지어 연구해야 할 것이다.

7. 노동력과 실업자

청소년 인구는 계속 감소하고 있는데도 청소년 실업자 수는 늘고 있다. 정부의 어떠한 변명으로도 해명할 수 없는 일이다.

출산율의 저하로 인하여 앞으로 청소년 인구는 얼마 동안은 더 감소할 것이며, 이에 따라 노동가능 인구 역시 감소할 것이다. 어떤 학자는 10년 후에는 일자리 수보다 일할 사람이 더 적어질 것이라고 말하기도 한다. 그러나 일자리 수는 앞으로 더 이상 늘어날 수 없다는 것이 세계적 추세라고 많은 학자들이 전망하고 있다. 산업기술의 고도화에 대하여 앞에서 말했듯이 중장기적인 시점으로 보면, 앞으로 일자리는 줄어들어 실업자는 늘어나는 시대가 올 것이다. 이것은 산업기술 발전이라는 시대적 흐름으로서, 한 국가의 정책적 범주를 넘어서는 일이다.

따라서 인구 정책도 수십 년 앞을 내다보면서 차분하고 깊이 성찰해야 한다. 출산율이 저조하다 하여 대책도 없이 무조건 셋, 넷 많이 낳으라고 무책임하게 얘기할 것이 아니다. 모든 문제는 수십 년 전부터 나라를 이끌어 오면서 사회 전반을 통찰하여 전망하고 구상하는 안목이 없이 그때그때 대증적인 정책에 일관한 근시안적 안목과 국민을 지배의 대상으로 이용한 위정자들의 문제다. 억지로 인구를 늘리려 하지 말고 살기 힘든 현재 상황을 개선하고 해결하면 출산율은 2.0으로 저절로 올라갈 것이다. 현재의 단기적, 또는 중기적 상황에서 노동력 문제는 청소년층과 고령층의 양극단에 걸쳐있다. 먼저 청소년층의 현재 상황을 다시 살펴보면, 한국의 청소년들이 죽도록 싫어하고 기피하여 외국 노동자들이 차지하고 있는 일자리 수가 약 100만 개에 이른다고 한다. 대부분이 이른바 3D업종을 비롯한 영세 중소기업들이다. 청소년들의 자유의사이기 때문에 어쩔 수 없다고 할 수 있다. 그러나 우리의 노동력이 남아있는 현재 상황에서 왜 남의 나라 사람에게 일자리를 내주어야 하는가?

청소년들의 이른바 '눈높이' 문제나 참을성 부족, 용기 부족은 우리의 교육(가정, 학교, 사회교육)에 근원적 책임이 있다고 본다. 청소년 실업의 문제는 청소년 자신들의 고통에 그치는 것이 아니라 그들이 속한 가정에 부담을 주고 사회적 분위기에 나쁜 영향을 주며, 그들이 미래의 국가 주역이기 때문에 국가의 미래에도 좋지 않다는 것이다. 따라서 청소년 실업문제는 다각적인 접근이 필요하며 이에 대하여는 제3부에서 검토하기로 한다.

또 하나의 축은 고령자(55세 이상) 실업 문제이다.
우선 '노동가능 인구'의 정의를 새로이 정립해야 한다. 만 15세 이상 55세 이하를 노동가능 인구로 분류하고 있는데 이는 국가가 주관하는 통계작성의 방어적 폐쇄성과 보수성 때문에 비롯된 것으로 보이며 현실과도 맞지 않는다. 일반 회사는 55세 정년이 많다고 하지만 공직사회는 61세, 교육공무원은 65세 정년이다. 이러한 인식 불합리의 문제는 사회 전반에 걸쳐 65세 이상의 고령층은 아무런 능력이 없는 무용

지물로 취급하는 풍조를 만들었다. 65세 이상 노인층은 일자리를 원하고 있다. 그들이 청소년의 일자리를 뺏는 것도 아니다. 실제 노동력은 개인의 특성에 따른 것으로, 국가가 제도적인 선을 그어서는 안 된다. 이들이 일자리를 많이 구해야 나라의 복지재정도 경감시킬 수 있는 것이다.

8. 부담의 불공평

국가의 조세 정책은 두 가지 큰 원칙이 있다.

하나는 국민개세(모든 국민이 납세해야 한다) 원칙과 응능부담의 원칙이다. 누구나 세금을 내야 하고 무임승차해서는 안 되며, 능력에 맞춰 내야 한다는 것이다. 그러므로 아무런 능력(수입, 소득)이 없는 사람은 낼 수가 없다. 어린아이나 몸이 아픈 사람은 짐을 들지 않아도 되고, 힘이 약한 사람은 가벼운 짐을 지고, 힘이 센 사람은 무거운 짐을 지는 것은 만고의 도리이고 원칙이다. 이것이 형평과세의 원칙이다. 그러나 우리 사회는 적게 내거나 안 내는 사람이 너무 많다. 먼저, 조세에 있어서 이들이 원칙대로(법대로) 다 낸다면 연간 몇십조 원의 세입이 더 늘 수 있다. 이것을 다른 말로 "지하경제"라고 한다.

공동체 사회에서 한 사람의 규칙 위반이나 예외를 인정한다면 이를 따르려는 경향이 생기며 불공평에 대한 불만으로 법치 질서는 흔들리고 공동체의 화합은 깨지게 된다. 그러나 지하경제 문제는 현실적으로 척결하기 어렵다는 이유와 부수적인 파장을 두려워하여 역대 정권은 손을 못 대고 방치해 왔다. 그러나 우리나라의 지하경제는 비중이 지나치게 높은 것이 문제이다. 지하경제 문제는 제3부에서 다시 언급하기로 하고 여기서는 이만 줄인다.

법인세의 최고 세율(28%)은 이익을 많이 내는 대기업에 유리하여 현재 대기업은 유보자금이 넘쳐흐른다. 소득세 역시 최고 단계의 세율(38%)이 낮고 최하위 세율적용 구간을 좁게 하여 소득재분배 효과를 약화시켰다. 위 두 가지 세목은 상후하박의 구조로서 양극화를 시정하거나 빈곤층과 서민층에 대한 분배 정책을 시행하지 않음을 나타내고 있다.

건강 보험료 부과 체계는 아예 응능부담 체계 자체가 설계되어 있지 않다. 고소득에 대한 요율을 오히려 낮추거나 상한선을 설정하는 식이다. 또 일반 서민층에 있어서도 병원에서 살다시피 하는 사람과 병원을 거의 찾지 않는 사람과도 차이가 없다. 최소 이용자 부담원칙이라도 적용해야 할 것이다. 또한, 대학생의 등록금 문제는 사교육비와 더불어 서민층과 중산층에 있어서 주택문제와 함께 가장 큰 고민거리이다. 반값 등록금 얘기가 대두된 것이 그 때문이다. 장학금 제도는 수혜자도 많지 않을 뿐 아니라 수혜 횟수에도 제한이 있으며 앞으로 학교를 졸업하고 떠나는 학생에게 빚을 안겨 준다. 따라서 교육 당국이나 학교 당국은 서민층 학생에게는 등록금을 반감해주는 조치를 취했어야 한다.

대기업이나 부유층이 더욱 강해지는 자본주의 사회의 불공평을 개선하는 것은 상생과 나눔의 정신뿐이다. 이러한 정신이 결여된 사회는 점점 더 불행해질 것이다.

사회

나만 행복하면 된다. 남의 불행은 알 바 없다.

우리 사회는 특정 부분만을 지적할 수 없을 정도로 총체적인 난맥상을 보인다.

우국의 심정을 지니고 조금만 진지하고 냉철한 시각으로 사회를 들여다보면, 우리 사회는 마치 온몸에 병이 퍼져 어디서부터 손을 써야 할지 알 수 없는 지경이다. 얼핏 보아서는 외형적인 허우대는 괜찮은 것 같으나 속으로 오장육부가 병들어 있는 것이다.

우리 몸의 질병은 왜 생길까?

질병은 원인에 따라 세균성 질환과 심인성 질환으로 구분할 수 있다. 심인성 질환이란 근심과 걱정, 불안과 공포, 욕심과 이기심, 미움과 노여움, 화냄과 배타성, 우울증과 조급증, 스트레스와 강박관념, 절망과 비관 등이 병을 일으키는 것을 말한다. 심인성 질환은 약으로도 잘 낫지 않는다. 그래서인지 대기업 총수나 부유층 사람들은 건강한 사람이

별로 없다. 이를 두고 어떤 사람들은 하느님이 공평하다고 말하기도
한다.

그렇다면 우리 사회의 병은 어떤 종류인가?

우리 사회의 질환은 심인성 질환이다. 지금 우리 사회는 정신적으로
타락되어 있다. 물질적으로는 발전했으나 정신문화는 후퇴한 것이다.

물질적 메커니즘 논리가 사회정신을 지배하고 있는 지금, 사람들은
즉흥적이고 표면적인 쾌락에 빠져 진정한 행복이 무엇인지는 아예 잊
어버린 채 수단과 방법을 가리지 않고 경쟁과 대결, 속임과 배신, 배타
적 이기주의, 미움과 차별 등으로 인간성을 상실하였다. 이 사막 같은
삭막함을 치유하는 것은 따뜻한 인간성의 부활밖에 없다. 그러나 존경
하고 따를 스승이나 위인도 없고, 흐트러진 군중과 혼란한 사회를 정
리하고 이끌어 갈 영웅도 존재하지 않는다. 사회적 상층부는 모두 타
락했고 하층부도 따라서 오염되어 순종과 인내같은 미덕을 상실하고
저항과 오기만 차 있는 하향평준화 현상이 되었다. 또, 최후의 보루로
서 청정지역으로 남아야 할 교육계, 사법부, 군인, 경찰, 종교계마저
오염되어 버린 것이 오늘의 현실이다. 이제 어디서부터 어떻게 정화해
야 할 것인지를 찾기 위해 좀 더 부분적으로 사회현상을 점검해 보기
로 한다.

1. 사회 안전망 미형성

우리 사회 내부 상태를 내과적으로 진단하면 불만, 불신, 불안이라는 삼불(三不)로 꽉 차 있는 화산 속 용암과 같다.

첫째, 불만의 팽배는 서민층의 경제적 빈곤이 가장 큰 비중을 차지한다

서민층은 과거의 중산층마저 일부가 합류되어 규모가 확대되었다. 수입이나 소득의 명목상 액면은 줄지 않았을지라도 지출액은 대폭 증가하여 삶이 어려워졌다. 서민층은 대부분 무주택자이거나 일부 서민형 주택 소유자이다. 그들은 은행융자 주택구입, 전세금 상승, 자녀 학자금 조달, 자녀 결혼, 자영업 경영, 영농과 축산, 월세 상승, 생계비 상승 등 경직성 고정 지출이 증가하여 생계를 위한 가처분 소득은 감소하였다. 또, 소비자 물가는 정부가 산정하는 물가지수와 다르다. 현장 생활 물가는 계속 상승하고 있다. 더구나 인구의 약 10%에 이르는 절대 빈곤층(극빈층)은 최저 생계비에도 못 미치는 소득으로 생계를 유지하다 보니 가정은 불화와 분쟁이 그치지 않고 별거, 이혼 등 가정 파탄이 수없이 일어나고 있다. 그뿐인가. 이들 빈곤층의 약 30%만 기초생활 수급자로 선정되어 지원받고 있다.

중산층은 어떠한가? 양적으로도 축소된 중산층은 명목상 중산층으로 분류되고 있으나 대부분의 중산층이 가처분 소득의 여유가 없다고 말한다. 불만이 없을 수 없다. 이러한 경제적 불만 이외에도 국민의 전반적인 정치에 대한 불만, 정부 정책에 대한 불만, 교육제도에 대한 불만, 사회계층 간 불만, 장애인의 불만, 중소기업의 불만 등 이루 헤아릴 수 없다.

둘째, 불신의 심화이다

사회 전반에 걸친 사회 구성원 간의 불신 풍조가 얼마나 심각한 수준인지 한 통계로 알 수 있다. 우리나라의 한 해 평균 고소, 고발 사건은 최근의 경우 약 70만 건에 달한다고 한다.

이 얼마나 사회적 낭비를 초래하겠는가? 가까운 나라 일본의 경우 1년에 고작 1만여 건에 불과하다고 한다. 이러한 상호 불신 사상은 각 분야에 걸쳐 나타나는데, 정치와 정치인에 대한 불신과 정부와 정책이나 행정에 대한 불신으로부터 시작하여 공직사회에 대한 불신, 노사 간의 불신, 스승과 제자 간의 신뢰상실, 조직구성원 간의 신뢰상실, 이웃 주민 간의 불신 등 그 끝을 알 수 없다.

세 번째, 불안, 불안정이다

국민의 국가와 사회의 미래에 대한 불안 속에는 정치에 대한 불안, 남북관계에 대한 불안, 퇴직 후 노후에 대한 불안, 주거문제와 자녀교육에 대한 불안, 고령자와 빈곤층의 생계유지에 대한 불안, 환경악화에 대한 불안이 내포되어 있으며 경제에 대한 불안과 청소년의 진학과 취직에 대한 불안이 사회를 짓누르고 있다. 기후변화나 국제경제의 불안도 있으나 그것은 국내 문제의 범주를 벗어나는 것으로 생각하자.

이상과 같이 삼불(三不)로 요약되는 사회적 현상에 있어, 첫 번째의 불만은 경제적(물질적) 문제가 핵심이며, 두 번째의 불신은 정신적 문제로 각성과 개혁이 필요한 문제이고, 세 번째의 불안과 불안정은 복합적인 원인의 문제로 총체적인 접근이 필요하다.

이러한 三不의 문제는 사회를 혼란스럽게 만들어 국가의 발전을 가로막을 뿐 아니라 지하 내부에 응축된 부정적 힘이 수시로 사회 외부로 분출될 수 있으며 어느 순간에는 크게 분출되어 국가 사회의 안전을 허물어뜨리는 요인이 될 수 있다. 그 용암은 언제 폭발할지 모른다.

세월호 침몰사고를 되새겨 보자. 그것은 분명 사람의 잘못이었다. 그 이전의 많은 다른 사고들도 모두 인재(人災)였던 것이다. 인재(人材)들 때문에 인재(人災)가 발생한 것이다.

정의와 양심의 상실, 사리사욕, 인간 사랑의 부재 등 정신적 결함과 태만이 관리의 부실, 근무 태만, 주의 부족, 원칙의 무시를 가져온 것이다. 법과 제도가 없어서 생긴 일이 아니다. 국가나 사회는 법과 제도만으로 유지되는 것이 아닌 것이다. 국민이 국가와 사회를 사랑하고 법과 제도를 지키려는 의지가 없으면 별 효과가 없는 것이다.

GOP 총격 사건도 마찬가지다. 군인 전체의 정신자세 문제이다. 군대 사회 내부에 저질의 상관과 고참병이 있는 것은 매우 오래된 사실이지만, 왠지 순수한 군인 정신과 상관없는 퇴폐적 관행은 지금까지 사라지지 않고 있다. 위로부터 썩었기 때문일 것이다. 군대 내의 사적 구타 행위 등은 군 단결을 해치는 나쁜 것이지만, 일정한 수준의 정신력을 함양하기 위한 통제와 속칭 기합 등은 필요한 수단이다. 군대 내 불상사가 생겼다 하여 군대를 편하게 자유를 누리는 곳으로 만들 수는 없다. 전투는 인격으로 하는 것이 아니다. 전쟁 자체가 선은 아니며 어쩔 수 없이 택하는 최후 수단이기 때문이다. 군인은 투철한 애국심과 불굴의 용기를 갖춘 정신자세가 필요하다. 1960년대 인구 300만의 작은 이스라엘이 30배의 인구를 가진 이슬람 국가 이집트를 상대로 한 중동 전쟁에서 승리한 것은 오직 투철한 정신자세 때문이었다. 군인 개개인의 특성은 고려하거나 잘 활용할 수 있지만, 개인의 정서나 취향까지 모두 중시한다면 전투는 불가능하다. 우리 군은 군기가 바로서 있지 않다.

군의 상부 지휘관부터 승진과 명예, 돈과 사리사욕을 쫓는 데 집착하고 있어 애국심과 충성심, 멸사 봉공의 진정한 군인 정신을 지닌 사람을 찾기 힘들다. 군대 내부는 지역별, 군사학교 출신별(육사, 2사, 3사, 학군 등) 파벌과 인맥을 만들어 대립하고 배척하는 문화가 팽배하여 사회의 세속적 모습을 그대로 닮아 있으며 융합과 단결은 찾아볼 수 없다. 군은 속부터 겉까지 완전히 새로워지지 않으면 안 된다. 오직 순수한 열정만으로 뭉쳐야 한다.

위와 같은 뿌리 깊고 광범위한 사회 병리현상을 치유하는 방안은 지금까지 정부나 정치권이 해온 대증적 정책으로는 불가능하다. 대증적 방안은 그 정책수단만 해도 수백 가지도 넘을 뿐 아니라 근본 치유법이 되지 못한다. '사회안전망'이라는 것은 그 개념 자체가 정의하기 어려울 정도로 다소 불명확하고 매우 방대한 뜻을 담고 있기 때문이다. 이 문제에 관하여는 제3부, 제4부에서 표적 선택 집중화 방식으로 사회안전망 구축에 접근하는 방안을 제시하고자 한다.

2. 가난

가난이란 빈곤에 해당하는 우리말이다.

서민층의 빈곤상황에 대하여는 앞에서 잠깐 언급한 바 있으나 서민층 문제는 한 계층의 문제가 아니라 국가적 과제로서 그 중요성과 해결의 긴급성이 요구되어 별도로 논의코자 한다. 여기에서 가난의 개념은 '기초적인 생계를 유지하기 어려운 상황', '먹고 살기가 매우 힘든 형편'으로 정하고자 한다. 가난은 예로부터 어느 나라, 어느 사회에나 존재해온 문제이다. 그리하여 가난에 관한 수많은 말과 격언이 있었다. '가난 구제는 나라도 못 한다', '사흘 굶어 도둑질 안 하는 사람 없다', 등이 대표적인 말이다.

도대체 가난은 왜 생기며, 또 없어지지 않을까?

이론적으로는 완전히 없앨 수 없는 것이라면 이대로 방치해도 되는 것일까?

우리는 만에 하나 정도 있는 가난의 경우를 얘기하려는 것이 아니다.

문제가 된 것은 현재 서민층의 절반이 가난해졌기 때문이다. 가난의 책임은 누구에게 있을까? 일차적으로는 개인 자신에게 있다. 그리고 그 책임 비율은 최소 50% 정도로 보아야 할 것이다. 왜 개개인은 전적인 책임을 질 수 없는가? 이 넓은 세상에 소수의 몇 사람이 살고 있다면 그들은 자기 마음대로 살 수 있을 것이다. 그리고 거기에는 가난과 부의 개념도 없을 것이다. 그러나 인간은 그 수가 많아지면서 무리 지어 살게 되고 무리가 합쳐 사회를 만들고 더 나아가 국가를 만들었다. 그것은 서로의 필요에 의하여 합의한 것이다. 국가와 사회는 일정한 규범과 질서가 필요하여 제도라는 틀을 만들어 놓고 있다. 이러한 틀 속에서는 개개인은 자기 마음대로 모든 것을 할 수는 없으며 행동에 제한을 받는다. 그리고 일정한 의무까지 지게 된다. 따라서 국가가 구성원에게 일정한 제한과 의무를 가하였다면 그에 대한 응분의 대가를 지불해야 한다. 따라서 국가는 국민의 가난을 방치할 수 없는 원천적인 책무를 지고 있는 것이다.

서양의 어느 유명한 학자가 저서에서 주장하기를, 가난과 불평등은 모든 범죄의 근원이라고 지적하였다. 반론의 여지가 없는 말이다. 가난은 불만을 낳고, 불만은 자제력을 상실케 하여 규범을 무시하게 되고 범죄를 저지르게 된다. 우리 사회가 그러한 증상이 나타나고 있다. 그래도 대다수 가난한 사람들은 힘든 삶을 참아가면서 발버둥 치며 살고 있다. 그들이 말없이 침묵하고 있다 하여 원한과 불만이 없을 리가 없다. 학자들의 연구로는 우리나라 빈곤층 비율을 17~23%로 보고 있으며 몇 년 전 모 국제기구에서도 한국의 빈곤층이 17%라고 발표한 바 있다. 미국 같은 선진국도 몇 년 전에 연간소득 35,000달러 이하인 8~9% 정도를 빈곤층으로 분류한 바 있고 독일도 그들의 기준에 따라 15% 정도를 빈곤층으로 분류하고 있다. 후진국일수록 통계는 왜곡되고 조작되는 경우가 많다. 우리나라의 경우에는 노인층의 빈곤율이 특히 높은데 2014년 기준 약 640만 노인 중 60% 정도가 빈곤층이라고 한다. (OECD는 2012년 기준 49%라고 발표)

노인층은 제도적으로 일자리 시장에서 배제되어 자활 기회마저 가질 수 없다. 그리고 빈곤층 노인의 대부분은 독거노인으로, 약 130만 명에 이른다고 한다. 어느 조사 결과는 노인층의 절반가량이 자녀들로부터 도움을 받는다고 한다. 그러나 매월 정기적인 도움을 받은 노인은 매우 적을 뿐 아니라 빈곤층 노인들은 도움을 받는 경우가 거의 없는 데, 그 이유는 그들의 자녀들마저 생계가 어렵다는 것이다. 국가는 가난에 대하여 어느 정도까지 책임을 져야 할까? 현재 극빈층인 약 160만 명에게 최저 생계비 50% 수준을 지원하고 있는 실정이다. 그러나 이 수치를 1,000만에 육박하는 전체 빈곤층에 대비하면 16%에 불과하다. 정부의 할 일은 태산 같고 앞길은 멀기만 한다. 이제 복지의 첫 걸음을 디딘 시작 단계에서 복지축소를 들고나온 정신 나간 정치인도 있으니 어찌 국민이 한심해하지 않을 수 있겠는가?

3. 미움과 멸시, 차별, 불평등

사람은 누구나 차별받는 것을 싫어한다. 차별이라는 용어 자체가 나쁜 것은 아니다. 모든 사물은 똑같을 수 없고 사람의 능력이나 특성도 서로 다른 것이 오히려 자연스러운 현상이다. 사람들이 싫어하는 차별은 부당하고 불합리하며 남보다 불리하게 대우받는 것으로, 천부적인 인간의 본능과 존엄성, 천부적 권리와 자유를 기본으로 하는 인권에 반하기 때문이다. 차별과 불평등은 상호 원인과 결과의 관계에 있다.

사람은 가난보다 차별을 더 싫어한다는 말도 있고, 세금을 더 내는 것보다 불평등하게 내는 것이 더 화가 난다는 말도 한다. 한 가지 예로, 외부와 단절된 북한 주민들이 모두 가난과 굶주림에 시달리며 살고 있으면서도 자신들이 불행하다는 것을 진정으로 모르고 불만 없이 살고 있는 것과 같다. 모두 똑같아 비교가 불가능하기 때문이다. 사회라는 공동체 생활에서 치열한 생존경쟁 상황에서는 앞서거니 뒤서거니 서로 남과 비교하는 것이 당연한 생리적 현상이다. 그러나 경쟁이 지나치다 보면 정당한 차별조차 매도당하는 경우도 있다. 부당한 인위적 평등은 마찬가지로 역차별이라는 차별이 된다는 것을 간과한 것이다. 일부 학부모들의 학교 서열 반대, 고교 평준화 열풍도 이러한 유형에 해당하는 것으로 볼 수 있다. 그들의 내심에는 남보다 앞서지 못할 바에는 차라리 다 같이 하향 평등이라도 되는 것이 열등감이라도 해소될 수 있다는 심리가 작용하고 있다고 볼 수 있다. 사실 실존하는 학교의 우열이나 이른바 서열은 학교가 자체적으로 만들어낸 것이 아니라 주변의 평가에 의해서 자연스럽게 생겨난 결과물이다. 당연히 공부는 잘하는 학생과 못하는 학생이 있고, 힘은 센 사람과 약한 사람이 있으며 달리기는 빠른 사람과 늦은 사람이 있게 마련이어서 모든 것은 강약, 고저선후가 있게 마련이다. 이것은 자연의 이치이다.

논의의 초점은 우리 사회의 부당한 차별이다.

부당한 차별의 근원은 미움과 멸시에 뿌리를 두고 있다. 미움은 사회를 분열시키고 삭막하게 만드는 무서운 병균이다. 세계 곳곳의 종교 간, 인종 간의 적대시와 전쟁은 모두 미움에서 연유한 것이다. 미움은 편견과 불신을 낳고 차별과 적대감으로 발전하는 악마적 본성을 지니고 있다. 단순히 싫어하거나 좋아하지 않는 것은 죄악이 아니지만, 미워하고 욕하는 것은 죄악이다. 어떤 사람의 잘못된 행동은 미워하되 그 사람 자체는 미워해서는 안 된다는 말이 있다.

우리나라는 이 미움으로 인한 큰 사회적 문제가 하나 있다. 그것은 바로 지역 차별이다. 언제부터인가 우리 사회는 특정 지역을 미워하고 폄하하는 정서가 국민 사이에 퍼졌다. 이른바 "지역감정"이라는 말로 표현되는 전라도 지역에 대한 미움과 차별이다. 그 근원이 어디에서 왔는가가 중요한 것이 아니라 그것이 현재 진행형이라는 것과 그리해야 할 이유도, 객관적, 과학적인 아무런 근거도 없는 것을 구전으로 전파시켰고, 적극적이건 소극적이건 지금도 전파시키고 있다는 것이다.

아무런 영문도 알 길 없이 낙인찍힌 전국의 7~8백만 정도의 전라도 사람들은 어쩔 도리 없이 음으로 양으로 차별이라는 피해를 보며 살고 있는 것이 현실이다.

통일을 꿈꾸는 우리 민족 우리 사회가 과연 이래도 되는 것인가? 아니면 통일된 후에도 지역적으로 갈라져 반목하고 대립하려는 것인가? 좁은 땅덩어리 안에서 여러 지역마다 독특한 사투리가 있고 감정표현 방식도 다르며 문화도 조금씩 다르다는 것은 갈등과 비판의 문제가 아니고 다양하고 재미있는 현상이라고 왜 생각하지 못할까? 우리 민족이 정말로 편 가르고 벽 쌓기를 좋아하는 천성이라도 있는 것인가? 서로의 차이점을 흠으로 인식해서는 안 된다. 그것은 옹졸한 자기본유의 이기주의이다. 또 설령 상대방이 결점을 가지고 있다 해도 그것을 파내려 애써서는 안 된다. 모든 지역 사람은 단점을 가지고 있고 반대로 전라도 사람들에게도 장점이 있기 때문이다. 서로의 차이는 우열의 문제도 아니며 가치판단의 문제도 아닌 것이다. 여러 사람이 한 사람을 바보 만들기는 쉽다는 속설이 있다. 한국인들은 심지어 해외에 나가 살면서도 출신 지역을 찾고 대립한다고 한다. 정치적 사회적으로 우세를 점유하고 있는 지역 사람들은 모든 판단의 기준을 자기 지역에 둘지 모른다. 참으로 소인배적 사고이다. 인간의 본성은 인종이나 국적에 상관없이 모두 동일하다. 차이가 있다면 언어의 차이와 문화의 차이밖에 없다.

이스라엘과 팔레스타인의 갈등은 골 깊은 역사적 원한 관계가 있기 때문에 어느 정도는 이해할 수 있다. 그러나 우리의 지역 간 갈등이나 차별은 무슨 원한 관계가 있단 말인가? 오직 오해와 편견, 선입관에 의한 미움의 감정 때문일 것이다. 1980년대 초 영남 출신의 모 문학가는 모 일간지에 '특질고'라는 제하의 전라도 사람을 폄하·비난하는 글을 게재한 바도 있다. 사회 엘리트의 행태가 이 정도이다. 그는 전라도 사람의 호된 질책을 받고 사과 광고를 냈고 몇 년 후 홀연 세상을 떠났다고 한다. 참으로 아이러니한 것은 이러함에도 불구하고 전라도 사람들은 경상도를 비롯한 타 지역 사람들을 미워하거나 차별하지 않는다. 정말로 묘한 일이다. 이 특정 지역 차별 문제는 겉으로만 쉬쉬하고 모른 척한다고 덮어지거나 없어지는 것이 아니다. 국민 통합을 부르짖는 정부가 이를 방치하는 것은 해당 지역을 가치 없게 경시하거나 진정으로 피해지역을 위로하고 포용하려는 국민 대타협, 대통합 의지가 없는 것과 마찬가지이다.

호남지역 국민이 아무리 수모를 참으면서 살고 있다고 해도 내면에 불만이 없을 수 없다. 부당한 차별에 대한 불만과 반발심이 계속 축적된다면 언제 분출할지도 모를 일이다. 우리는 역사적으로 수많은 내부 분열과 외세 침입을 경험하였다. 쪼개지는 것은 항상 쉽지만 합치기는 어려운 것이다. 남북으로 쪼개진 남쪽 땅을 또 쪼개야 할 것인가? 차별이 얼마나 무서운 결과를 초래하는지 중동의 이란, 시리아, 아프리카의 여러 나라에서 보고 있다. 국민을 분열시키고 결국 내전이 일어나 국가의 존망은 풍전등화와 같고, 사회체제는 무너져 수많은 시설과 재산이 소멸하고 수백만의 국민이 죽거나 피난과 망명길에 오른다. 통일이라는 원대한 꿈을 안고 있는 대한민국이 내부적으로, 정신적으로 단합하지 못한다면 환희에 찬 통일국가의 꿈은 요원할 것이다. 통일은 단순히 남북이 땅을 합치는 것이 아니기 때문이다.

다음으로는 멸시 풍조이다.

필자가 1990년대 만주지역에 사는 교포에게서 들은 얘기이다. 남한은 북한이나 중국보다 잘살기 때문에 자부심을 느끼고 좋아하는데 중국에 사는 교포들은 찾아오는 남한사람들이 모두가 더 잘산다고 뻐기고 거드름 피우며 자기들을 하인 다루듯 허세를 부려서 싫어졌다고 했다. 그 후 교포들은 남한사람들을 순수하게 대하지 않고 속이기도 했다는 것이다. 이러한 멸시의 현상은 곳곳에서 볼 수 있다. 미국 백인의 흑인에 대한 차별이 있고, 국내에서도 부유층의 서민층에 대한 차별 의식이 있다. 또 탈북자에 대한 차별도 멸시의 한 형태이다. 탈북자의 숫자는 그리 많은 편은 아니지만, 앞으로 그들은 민족통일에 큰 도움이 될 것이다. 탈북 주민들이 남한생활에서 가장 힘든 것이 남한사회에 적응하기보다 차별적 시각이라고 말하는 것을 여러 번 본 적이 있다. 또 하나의 경우는 국제결혼으로 한국에 사는 외국 여성, 주로 우리보다 못사는 동남아 여성들에 대한 멸시적 차별이다. 이제 이러한 외국 여성의 수가 백만 명에 이른다고 한다. 이들 역시 다양한 문화의 전래자로서 앞으로 국가적으로 큰 이득이 될 것이므로 적극 포용해야 할 것이다.

  사회가 이처럼 반목과 대립이 많은 것은 우리 사회에 사랑의 훈풍이 불지 않고, 맑고 아름다운 강물이 흐르지 않기 때문이다. 사랑이 메마른 것은 가정이나 학교, 사회에서 사랑이 무엇이며, 왜 좋은 것인지 아무도 가르쳐주지 않았기 때문이다. 우리 사회의 미움과 차별, 반목 현상의 치유는 국가적 과제로서, 정부와 정치권은 떳떳하게 공론화하고 각계 지도자와 국민이 머리를 맞대고 해결책을 논의해야 할 것이며 전국 각 지역이 마음을 열고 자발적인 행동으로 상호 친목과 대화합 운동에 동참하도록 적극적으로 지원해야 할 것이다.

교육

- 인간성이나 인격 같은 것은 필요 없다,
  오직 사회에서 이기는 사람이 되어야 한다 : 가정, 학부모

- 교직보다 좋은 직장은 없다. 학과 시간만 채우면,
  정년까지 직장이 보장되고 사회적 대우도 받으니까 : 교사

- 아이들의 미래나 국가의 장래까지 생각할 필요 없다 : 교사, 학교

교육은 모든 사회적 문제를 해결하는 열쇠이다.

교육은 만사의 주체인 사람을 만드는 것이기 때문에 국가, 사회의 가장 중요한 과제이며, 정신적인 최후의 보루이다. 건전하고 협동적인 정신과 소양 있고 인간성을 갖춘 민주시민을 만드는 것이야말로 교육의 최대 목표이다.

사람은 태어나서 첫 단계를 부모 밑에서 자라면서 배우고, 배우면서 자란다. 그러므로 부모가 훌륭한 정신을 가졌다면 가정교육은 잘 이루어졌을 것이다.

제2단계는 학교교육이다. 학교교육이 교육의 본질을 쫓아 훌륭하게 이루어졌다면 아이들은 훌륭한 청소년으로 성장했을 것이다. 또 학교교육이 잘 이루어진다면 가정교육에서의 미흡함을 보완할 수도 있다.

제3단계는 사회교육이다. 사회가 건강하다면 청소년들은 훌륭한 성

인이 되었을 것이다. 그러나 사회교육은 청소년이 육체적, 정신적 성장이 거의 끝난 후에 접하는 것이 일반적인 현실이기 때문에 청소년의 근본적인 체질을 개선하는 것은 어렵다. 반대로 아무리 훌륭한 청소년이라도 사회의 오염된 강물이나 나쁜 환경으로 인하여 나쁘게 변질되기는 쉽다.

이와 같은 시기적·공간적으로 구분되는 3개 부문의 교육은 서로 영향을 주고받으면서 연계되어 있다. 사람은 이러한 과정을 거치면서 성장하고 성인이 되며, 사회인으로 진출하고 나아가 각 분야의 지도자로 변신하고 가정에서 부모가 된다. 이렇게 가장이 된 사람은 다시 아이를 낳아 키우고 가르치게 된다. 우리는 이러한 순환과정을 보면서 교육이라는 것이 얼마나 중요한 과제인지 알 수 있으며 모든 국가적, 사회적 현상의 원인이면서 동시에 해결을 위한 열쇠라는 것을 깨닫게 될 것이다.

그렇다면 우리 교육 현실은 어떠한가?
"교육"이라는 논제 자체를 다루는 것은 너무나 방대한 것이므로 여기서는 학교 교육 현실에 관해서만 약간 언급하고자 한다. 단적으로 말하자면, 지금의 학교 교육의 모습을 보면 우리나라 정치, 사회의 미래가 걱정되지 않을 수 없다. 지금 교육계의 화두는 입시문제, 학교 평준화 문제, 사교육 문제뿐이며 이마저 해법은 찾지 못하고 원칙도 없이 세류에 흔들리면서 계속 방황하고 있다. 이와 같이 교육의 핵심과 본질을 놓친 채 변두리에서 방황하는 교육의 잘못으로 우리 사회 모든 분야는 병들어 있다.

　교육은 적어도 한 세대에 걸쳐 완성되는 대장정이다. 그러므로 교육은 아이가 걷기 시작하는 어릴 적부터 기초부터 꾸준히 가르쳐야 한다. 모든 기본은 10세 이전에 그 틀을 잡아야 한다. 좋은 습관을 몸에 배도록 계속 주입하고 훈련해야 하며 나쁜 습관은 철저히 배격해야 한다. 그리고 옳고 그른 것, 좋고 나쁜 것의 의미와 구별 방법을 가르쳐야 한다. 그리고 초등학교 과정을 마치기까지 인간이 만든 공동체 사회의 의미와 필요성을 인식시키고, 사회질서 존중의식을 확실히 심어주고, 사회는 혼자 살 수 없다는 것을 교육해야 한다. 중학교 과정에서는 공동체 사회생활에 필요한 기본 소양과 공동체 사회를 잘 유지하기 위해서는 어떻게 하여야 하는지 생각하도록 하며, 도덕과 윤리, 약자와 이웃을 배려하는 사랑과 이해의 정신, 양심과 원칙의 중요성을 교육하고 체득시켜야 한다. 고등학교 과정에서는 정의와 불의, 정(正)과 사(邪)를 알게 하며 사회 부조리의 원인을 분석하고 파악하게 하여 사랑을 실천하고 불의에 맞서는 청년이 되기 위한 기상을 심어 주어야 한다. 그리고 절제와 인내의 의미와 필요성을 가르쳐야 한다.

　취직은 교육의 목적도 목표도 아니다. 따라서 취직을 위한 대학 교육은 교육의 정도(正道)가 아니다. 취직이 어려운 것은 대학이 직업교육을 안 해서라기보다는 현재의 기술 중심의 산업사회 특성상 일자리 자체가 많지 않으며 학생들 역시 눈높이 조절에 실패하거나 재학 중 좀 더 열심히 공부하지 않은 탓도 있다. 그 예로, IT전문 굴지의 대기업도 신입사원 모집 과정에서 "인성"을 가장 중시한다는 얘기가 의미하는 바를 생각해 봐야 할 것이다. 세속화되어서는 안 되며 순수해야 할 교육부문이 세속화되고 타락했다는 것은 스스로도 부인하지 못할 것이다. 학생부 조작, 학점 조작, 학점 뻥튀기라는 것이 도대체 무슨 말인가? 오늘날 사도(師道)가 무너졌다는 말을 하는데, 그렇게 된 것도 모두 교육자들과 스승들이 자초한 것이다. 청소년들의 인성이나, 일부 탈선행위 역시 모두 교육자들과 기성인들에게 그 책임이 있다. 그들이 볼 때 주변 어디를 둘러봐도 진정으로 본받아야 할 대상이 없는 것이다.

종교

- 신자 수만 많으면 된다. 수입이 많아지니까.
- 믿음만 있으면 구원 받는다. 선행은 안 해도 된다.

세계 인구의 70%가 종교를 가지고 있다고 한다.

그야말로 세계는 종교인들의 세상이다. 종교가 의식주를 해결해주는 것도 아닌데 왜 종교를 믿는 사람이 이렇게 많을까? 종교 창시자나 종교적 선지자의 능력은 참으로 대단하다는 것에 감탄하지 않을 수 없으며 반면에 인간은 참으로 약하고, 또 어리석은 존재라는 것도 동시에 생각하게 한다. 모든 종교는 인간을 서로 사랑하라고 외친다. 그런데 왜 세상은 서로 차별하고 배척하며, 미워하고 싸우면서 힘들게 살고 있을까? 종교인이 아닌 30% 때문인가? 종교인이 100%가 되면 세상은 행복해질까?

그러나 현실에서는 종교끼리 종교인들끼리 싸우고 있으며, 비종교인이 종교인을 협박하거나 그들과 싸우는 것은 본 적이 없다. 우리나라는 국민의 절반이 종교인이라고 한다. 다행히 우리나라는 종교 때문에 서로 싸우거나 심한 대립은 없다. 참으로 다행한 일이며 특이한 현상이다. 수많은 갈등과 차별과 대립으로 불안한 우리 사회가 어찌하여 종교로 인한 대립과 갈등은 적은 편일까? 불가사의한 일이 아닐 수 없다. 아마도 우리나라의 종교 지도자들이 잘 조정하거나 우리 국민이 종교에 관한 한 매우 관대한 특성을 지녔기 때문으로 생각된다. 그러나 다시 냉철하게 종교에 대하여 생각해 보자. 세계적인 현상과 마찬가지로 우리 사회의 각종 불협화음과 병리 현상은 종교가 추구하는 것과는 전혀 딴판이다. 그렇다면 종교가 우리 사회와 국가에 기여한 것은 무엇인가? 왜 종교인들은 사회의 모범이 되지 못하고 있는가? 종교의 근본적 한계인가, 아니면 양 떼를 이끄는 목자나 중생을 교화하는 스님 같은 종교 지도자들의 잘못인가?

이 모든 의문에 대하여 여기에서 완벽히 답할 수는 없다. 다만 정신적 지주를 자처하는 종교가 사회에 대하여 긍정적인 역할을 거의 하지 못하면서 사회의 등대 기능을 상실하고 오히려 세속화되고 타락하여 위선적 행위와 타산적 분파로 인한 배타성 등으로 사회를 병들게 하고 있다는 것을 지적하고자 하는 것이다.

대부분 종교인의 종교적 신심 밑바닥은 세속적 욕망에 차 있으며 자기의 잘못을 정당화하고 죄의식을 가지지 않는 위선과 독선의 이중적 성격을 지니고 있다. 기도만 하면 죄가 사면된다는 생각이다. 인간을 구제하고 구원한다는 종교가 창시자의 뜻이나 경전, 성경과는 달리, 현실에서는 전혀 능력을 발휘하지 못하고 있다. 종교가 표방하는 서로 사랑하는 사회도 이루어지지 않고 있다.

　왜 종교의 이상과 현실이 큰 차이를 보일까?
　첫째는 종교의 지향 목표점이 너무 높게 설정되어 있기 때문인 것 같다. 각 종교의 종지(宗旨)나 경이 내포하고 제시하는 목표가 초인이나 성인이 아니면 도달할 수 없는 너무 높은 이상이라 현실적으로 이루어내기 불가능한 것이다. 인간이 영원히 풀 수 없는 시간과 공간, 영적세계나 사후세계 등 불가사의한 것들을 창시자가 끌어들였으나, 인간들로서는 부정할 수도 긍정할 수도 없이 그냥 따라갈 수밖에 없다. 종교는, 생존 경쟁으로 인해 육체적으로 지치고 정신적으로 불안하고 나약해진 인간에게 정신적 휴식처 역할을 하며, 그 휴식처는 누구에게나 언제나 문턱 없이 들어갈 수 있게 열려있다.

　어느 문학가의 표현처럼 '현세는 항상 힘들고 고통의 연속'이다. 그래서 종교는 내세(來世)가 있다. 내세는 생존 경쟁이 없는 곳이다. 종교는 이 내세의 깃발을 흔들며 현세를 극복하라고 촉구한다. 이렇게 내세를 지향하며 현세를 극복하자는 종교가, 실제로는 현세에 집착하여 희로애락을 체험하면서 비종교인과 똑같이 세속적 즐거움이나 행복을 추구하고 있다면 종교와 세속의 차별성은 어디에서 찾아볼 수 있을 것이며 종교의 가치성은 무엇이라고 할 것인가?

　또, 각 종교가 행하는 선교, 전교, 포교는 누구를 위한 것인가? 진정으로 타인을 위한 것인가, 아니면 자기 목표 달성을 위한 수단의 하나인가? 어떤 종교는 자기 종교에 대한 입문을 강요하다시피 한다. 심지어 타 종교인에게까지 서슴없이 전교하기를 권한다. 종교가 지닌 가장 큰 결점은 배타성, 독선, 위선이다. 이 결점 때문에 오늘도 세계는 살육과 전쟁으로 고통받고 있다. 종교 창시자나 선지자들이 이것을 예지하지 못한 것일까? 현실 종교의 또 하나의 문제점은 종교적 지도자, 즉 성직자의 자세이다. 종교가 인간의 정신세계를 다룬다면, 양 떼를 이끌어 가는 목자는 맑고 깨끗하여야 하며 세속적인 욕구를 초월해야 마땅하다. 성직자라는 명칭에도 불구하고 종교적 지도자가 재물을 탐하거나 재산을 축적하는 등 그 성직(스님, 신부, 목사 등)을 생계를 위한 직업으로 생각하는 것은 정도(正道)가 아니며, 나아가 여유롭게 살거나 부유하게 산다면 이미 타락한 것이다. 종교는 수행의 한 방법이며 성직자는 수행자이다. 그러므로 성직자는 절제된 삶과 높은 수준의 수양과 인격이 요구되는 자리이다.

종교가 현세의 문제를 해결할 수 없다면, 종교인은 더욱 겸손하게 자세를 낮추고 자숙해야 할 것이다. 종교는 앞으로 사회와 국가를 위하여 많은 역할을 담당해야 한다. 종교는 국가 위에 존립할 수 없다. 성직자나 교인은 신앙인이기 이전에 국민의 일원이다. 국민의 절반이 종교인인 현실에서 종교는 국민의 절반을 정신적인 볼모로 잡고 있는 셈이 되므로 교회나 사찰은 대오 각성하여 양 떼 같은 중생을 이끌어야 한다. 모든 종교인은 국민으로서의 의무를 다하고 사회에 기여하여야 하며, 행복한 나라가 되도록 앞장서야 종교인의 역할을 다하는 것이다. 성직자도 국민의 일원으로서 당연히 사회에 참여하고 사회를 비판할 수도 있다. 때 묻지 않은 시각으로 사회적, 국가적 문제에 대한 좋은 대안을 제시할 수 있으며, 사회적 약자나 불만세력을 어루만져 주어야 한다. 때로는 그들을 설득시키기도 하고, 필요한 경우 자제와 인내를 요구하며 질책과 비판도 가할 수 있는 엄중함도 갖춰야 할 것이다. '누구의 편'이라는 것은 존재하지 않는다. 오직 정의의 편만 있을 뿐이다. 그러나 옳은 것이 항상 옳은 것만은 아니다. 성경에 "원수를 사랑하라"는 것은 옳은 것이라고 할 수 없다.

죄인을 벌주는 것은 하느님도 하시는 옳은 것이다. 그럼에도 불구하고 죄를 용서하고 원수를 사랑한다는 것은 옳은 것을 뛰어넘는 것이다. 그것을 '인'(仁)이라고 한다. 인(仁)은 의(義)보다 위에 있는 것이다. 성직자를 비롯한 위정자는 이 '의'와 '인'으로 국민을 이끌어야 한다. 또 한 가지, 약자가 불쌍하다고 하여 항상 옳은 것은 아니라는 것을 유의해야 한다. 악마도 불만이 있듯이 사회의 모든 불만이 항상 정당성이 있는 것은 아니다. 사회적 약자를 보호하되, 약자의 범죄까지 용서해서는 안 된다. 이것을 앞에서 예시한 원수를 사랑하라는 것과 혼동해서는 안 된다.

원수를 사랑한다면 악마도 사랑해야 할 것이다. 따라서 원수를 무조건 항상 사랑하라는 것도 아니고 항상 사랑할 수도 없다. 원수 아닌 사람도 제대로 사랑하지 못하는 것이 현실 아닌가? 그러므로 그 말은 원수라도 경우에 따라서는 사랑할 수 있는 열린 인간애를 지닐 것을 강조한 것으로 보아야 한다.

새로운 나라를
만드는 작업을 시작하라

제3부

새 나라
재건 설계도

사회
개혁

– 사회 개혁 없이 나라를 새로이 재건할 수는 없다.
사회 개혁이란, 사회를 정신적으로 개혁하는 것을
핵심 내용으로 한다.

1. 사회 정화 운동

사회 개혁은 사회 정화 운동으로부터 시작한다. 퇴폐적이고 이기적이며 배타적이고 부정적인 사회 분위기를 깨끗이 제거하고, 건전하고 화목하며 활기차고 명랑한 사회를 만드는 것이 목표이다.

운동 추진 단계와 방법

이 운동을 추진하기 위해서는, 먼저 사회적 논의와 법제화를 거쳐 조직 구성 – 홍보와 교육 – 계도 – 감시 – 적발과 처벌 – 계도와 교육의 순환과정을 거쳐야 할 것이다.

추진 조직과 기관

가칭 "사회정화위원회"가 주축이 되고 관련 기관과 사회가 협조한다.

그리고 중심 추진기관은 조사권, 압수 수색권, 대 집행권 등의 준사법
권을 부여하고 협조요구권 등 필요한 권한을 부여하며, 대통령 직속,
또는 완전 독립기구로 만든다.

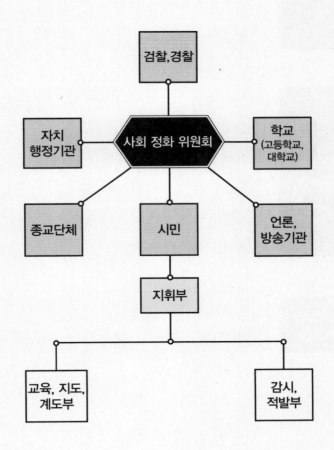

활동 내역 - 예시

법질서 확립및 부정, 비리 척결 운동
불법, 위법, 탈법, 행위
질서위반, 저해 행위
국민안전, 건강 침해 행위
사회불안, 분열 조장 행위
반윤리적 행위

나쁜 문화 추방 운동
도박 행위
철야 음주, 과음 행위
철야 놀이 행위
청소년 흡연, 미성년 음주 행위
사이버 해킹, 사이버 음란 행위
폭력 행위, 성추행 행위

언어 정화및 순화 운동
청소년 - 저속어, 은어
일반사회 - 저속어, 과장수식어, 문법 위배 언어

2. 건전문화 조성 운동

우리 사회는 퇴폐적이고 저속한 문화는 쉽게 확산되는 대신, 건전한 문화는 보급·육성되지 못하고 있다. 청소년의 탈선도 건전문화의 아이템과 공간이 확보되지 못한 것이 큰 원인으로 작용하고 있는 것이다. 건전문화의 구체적 내용에 관하여는 많은 전문가들이 연구해야 할 과제이지만, 추진동력과 기본 방향은 정부가 제공해야 한다. 필자로서는 방향을 제시하는 차원에서 예시하는 수준으로 언급하고자 한다. 이 문제는 교육부, 문화체육부, 보건복지부 등 관련 부처가 진즉 추진했어야 할 일이었다. 정부 부처들이 눈앞의 행정에만 매달려 발전적인 비전을 제시하지 못하고 있는 국정 수준이 안타까운 우리 현실이다.

추진 조직과 기관

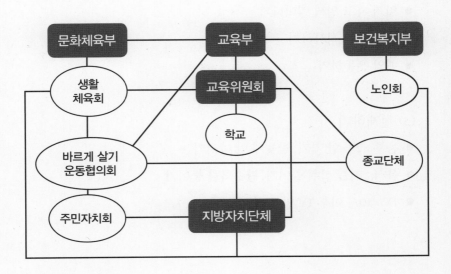

보급 내용

(1) 건전오락(예시)

● 음악 : 감상, 가곡, 건전 가요, 클래식, 경음악, 국악, 기악, 성악

● 미술 : 실기

● 독서 : 주민 센터, 노인정에 독서실 설치

● 영화감상

● 바둑

● 스포츠 댄스

● 요리강습

● 기차여행

(2) 규칙적인 생활운동

● 하루 3회 식후 양치질하기

● 일찍 자고 일찍 일어나기

● 제 시간에 식사하기

● 매일 운동하기

(3) 절제하기

● 음주 : 2차 안 가기, 밤늦게 안 마시기

● 음식 : 기름 섭취 줄이기, 탄수화물 줄이기

● TV : 10시 이후 TV 안 보기

(4) 노인층 건강운동 생활화

노인층이 건강해야 건강보험 재정이 건전해진다. 2014년 기준 연간 건강 보험금 지출액은 60조 원 이상으로 이 중 60%는 노인층에 대한 것 이라고 한다.

1. 사계절 운동(실내운동)
- 체조, 요가
- 단전호흡
- 춤
- 탁구
- 운동기구 이용

2. 야외운동(봄 ~ 가을)
- 걷기
- 등산^{야산} 동호회 결성
- 자전거: 시내 주행 제외
- 운동기구 사용
- 생활체조
- 배드민턴
- 줄넘기

지역차별
없애기 운동

본 과제는 특정 지역(전라도 지역)을 부당하게 비하하거나 차별하는, 그 시원이 불분명하나 아마 수백 년은 된 듯한 망국적 병폐를 지하에서 끌어내어 공론화하고 정정당당하게 쾌도난마 하여 편협한 지역이기주의와 사회분열을 종식시키기 위한 것이다.

이 차별의 특성은 지역 간 서로 치고받는 쌍방적 대립의 갈등이 아니라 조용하게 있는 일방에게 재미 삼듯 돌을 던지는 일방적 불공정 행위라는 것이다. 이러한 몹쓸 가해자들에 대하여 전라도 사람들은 그들을 증오하거나 미워하지 않는다. 또, 다른 지역 사람들이 질적으로 더 우월하다고 인정하지도 않고, 더 열등하다고 생각하지도 않는다. 다만 표면적인 형식에서 취향이나 기호 수준의 차이가 있음을 인정한다. 가령, 생각이나 감정의 표현에 있어서 직설적이고 저돌적인 간결성을 보이는 지역도 있고 유보적 표현과 절제성이 체질화된 지역이 있다는 정도이다. 이러한 점을 우리 사회나 정부가 알고 있다면 이를 방치하고 있을 것이 아니라 진즉 사회운동이나 교육 등을 통하여 해소 해야 했다. 일부 극단적인 지역 이기주의나 감정적 지역 차별주의자는 고소하다는 듯이 지금도 망언과 망동을 자행하고 있다. 무슨 철천지원수처럼 원한이 있는 것일까?

추진방향

먼저, 최고 통치자와 정치권이 합심 논의한 뒤 해당 지역의 의견을 수렴한 다음 사회 공론화해야 한다. 공론화 과정에서는 모든 지역의 주요 인사가 참여하여야 하며 운동의 방향을 설정한다. 그 뒤 이 운동을 법제화하고 조직을 구성하여야 한다.

활동 내용

- 교육 : 학교 교육, 언론 교육, 군부대 교육, 영상교육, 지역별 주민교육
- 지역교류: 체험교류, 관광교류, 문화교류, 자매결연, 대학교육 교류, 봉사활동 교류, 방언교류, 특산물교류
- 체험 : 숙박, 여행
- 지역거주 체험 : 1년 정도
- 지역 간 동호회 결성
- 비방행위 단속 : 계도, 고발

조직

가칭 "국민 대통합위원회"를 대통령 직속하에 두고 각 지역에 지역 본부를 둔다.

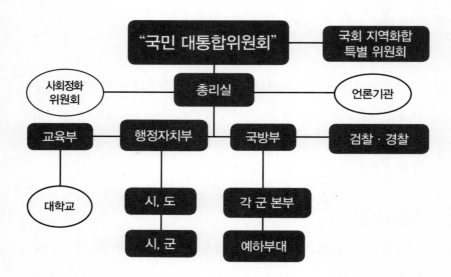

기부문화
확산운동

– 상생과 나눔의 사회

기부문화는 십시일반(十是一飯)의 이웃돕기 운동이다.

우리 민족은 예로부터 음식을 나누고 담배를 나누고 술을 나누는 미덕의 문화를 지녀왔다. 콩 반쪽도 나눈다는 아름다운 정신이다. 우리 사회는 지금 한편에서는 덜 먹으면서 살을 빼야 하고, 한편에서는 배가 고파 더 먹어야 하는 아이러니한 현실에 처해 있다. 조금이라도 여유가 있는 사람들이 조금씩 덜 먹고 가난한 사람들을 성의껏 도와준다면 삼시 세끼를 걱정해야 하는 극빈층은 존재할 수 없을 것이다. 우리는 이제 1인당 국민소득 28,000달러(2014년 기준)를 달성했다고 한다. 이것은 1인당 월평균 250만 원 정도에 해당한다. 그러나 실제 가계소득은 서민층의 경우 절반에도 미치지 못하며, 극빈층의 경우에는 1/4에도 미치지 못한다. 이 현상은 전체 곡식량은 많은 편인데 골고루 분배되지 않았음을 나타낸다.

이제 우리는 가난 없이 다 같이 행복하게 사는 복지사회로 들어가기 위한 대장정에 돌입할 시점에 서 있다. 다 함께 잘살기 위해서는 정부의 노력만으로는 어려우며, 있는 자가 없는 자를 돕는 온 국민의 나눔 정신, 즉 기부문화의 정착과 확산이 반드시 필요하며, 그리하여 수레바퀴의 한쪽을 담당하여 정부와 함께 밀고 나아가야 할 것이다. 선진국들은 이미 기부문화가 정착되어 사회 안전망의 한 가닥을 담당하고 있다. 한 예로, 기부지수가 세계 1위인 미국의 경우, 기부 규모가 GDP의 3%를 넘은 지 오래되었으며, 기부액의 90% 이상은 개인 기부에 의한 것이라고 한다. 한국의 기부 규모 추산액은 2014년 기준 12조 원 정도로, GDP의 0.8% 정도이며 그것도 90%를 기업 기부에 의존하고 있는 실정이라고 한다.

세금이 강제적 소득 재분배 역할을 한다면, 기부는 국민의 자발적 소득 재분배 활동이며 나눔과 봉사라는 사랑의 실천이다. 강물이 위에서 아래로 흐르듯 부(富)는 자연스럽게 높은 곳(많은 곳)에서 낮은 곳(적은 곳)으로 흘러가는 것이 순리이므로 기부는 주로 부유층을 중심으로 이루어질 수밖에 없다. 그럼에도 우리 사회의 가진 자들은 보통 사람들보다 더 인색하며 100번째의 곳간을 채우기 위하여 재산을 숨기고 도피하고, 세금을 안 내기 위해 별의별 궁리를 다 하고 있다. 기부의 정신이 아무리 십시일반이며 콩 쪼개기이며 티끌 모아 태산이라고 해도, 부유층의 적극적인 협조 없이 그 성과를 제대로 이룩할 수 있겠는가?

기부는 많을수록 좋기야 하지만, 기부행위의 지속성이 중요하다. 또 부유층의 참여가 반드시 필요하지만 중산층도 참여하여 사회 전반에 기부문화가 확산되고 정착되어야 한다. 기부의 방법도, 금전이나 물질 외에 전월세 인하, 장소대여, 서비스 제공, 일손 돕기 등 모든 계층이 참여할 수 있다. 그리고 기부자들의 인적사항과 기부내용은 영구적으로 기록 보관하여 후세의 자료로 활용하고 그들에 대한 평가와 사회적 대우의 근거 자료가 되어야 할 것이다. 이렇게 거대한 사회적 프로젝트는 단기간에 완성하기 어려운 것이므로 사전에 철저한 준비가 필요하며 범국민 운동으로 승화시키기 위한 한국적 모델을 구상하고 장기계획을 수립해야 할 것이다.

운동의 주체와 프로파간다Propaganda

- 운동주체 : 새마을 운동본부
- 운동의 명칭 : 제2의 새마을 운동
- 운동 표어 : 다 함께 잘살기 운동
  캐치프레이즈 - 상생과 나눔 운동

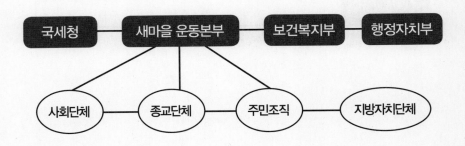

조직체계
기부금의 관리

```
┌─────────────────┐      ┌─────────────────┐
│   기부금관리청   │──────│    보건복지부    │
└─────────────────┘      └─────────────────┘
```

- 제1단계 : 최초 3년간 - 사용금지 - 증식
- 제2단계 : 빈곤층 복지급여에 전용(專用)

국민운동의 추진 단계

계획수집 - 법제화 - 조직구성 - 기초자료수집 - 활동개시

기부 대상자 분류

구분	소득범위	비율	구간인구	비고
부유층A				
부유층B				
부유층C				
중산층A				
중산층B				

정치 개혁

구각을 깨뜨려 사회를 개혁하고 정리 정돈하여 동방의 등불과 같은 새로운 나라를 탄생시키기 위해서는 지금이야말로 제로베이스에서 출발하는 새로운 정치적 설계가 필요하다. 기성 정치인들은 필요한 인재가 자기라는 썩어빠진 생각을 버리고 과감히 물러나 세대교체에 앞장서야 한다. 그리고 재야에서 후원하면 된다. 이러한 출산의 고통을 거치지 않고는 정치개혁을 성공적으로 완수할 수 없다. 진퇴 문제를 본인의 의사로 결정하지 말고 국민의 여론에 따른다면 희망의 불꽃은 일어날 것이다. 또, 정권 유지나 정치생명 따위에 연연하지 않고 온몸을 국가에 바치는 혁명적이고 영웅적인 지도자의 출현이 요구된다. 혁명적이라 함은 과거 군사독재 같은 것을 뜻하는 것이 아니라, 정신적 자세를 의미한다. 강력한 지도가 독재로 연결될 것이 우려된다면 중국과 같은 집단 지도체제를 기반으로 하는 리더십을 연구해 봐도 될 것이다.

1. 지역적 정당의 폐지

우리나라는 정당 때문에 항상 시끄럽다.

현재 지역을 기반으로 생명을 이어가고 있는 정당들은 지역 정서라는 것을 등에 업고 있어 지역대립을 영구화하고 국가통합을 저해하고 있다는 것을 해당 지역 정치인들은 깨닫지 못하고 있다. 수도권 지역에서도 당선자가 있다 하여 지역성이 해소되는 것이 아니다. 수도권은 지역 출신 주민들이 거주지를 옮겨 살고 있을 뿐이다. 지금의 양대 정당은 이념적, 또는 정책적인 차이가 있는 것처럼 표현하지만, 실질적으로는 별다른 차이도 없으면서 정당의 정권 획득 목적과 개인의 정치적 생존을 위한 정치인들의 전략적 구도에 불과하다.

우리나라의 지역 정당은 빨리 해체하고 새로운 가치를 들고 새로 태어나야 할 것이다. 복수의 정당이 필요한 것은 단순히 힘의 견제나 균형을 위한 것이 아니다. 힘이 수학적으로 평준화되면 훌륭한 정책을 추진하는 추진력 약화를 가져온다. 복수정당은 가치관의 다양성을 구현하는 것이지만, 정치적 욕망을 지역을 등에 업고 여론 대변으로 위장하는 것은 국민통합을 저해할 뿐이다. 20세기의 이념이 만발하는 시대도 아닌 21세기에 보수, 혁신, 중도 따위의 허공에 뜬 구호가 난무하고 있다. 지금은 어느 당이나 혁신적 정책을 만들 수 있고, 보수적 정책이 필요한 경우도 있다. 진보의 개념 역시 마찬가지다. 이렇게 실체도 애매하고 체감성이 없는 개념논쟁은 아무런 의미도 실익도 없다.

오히려 굳이 양당 구도를 고집할 필요도 없다. 견제와 균형이라는 미명이나 핑계만으로 양당구도가 필요한 것은 아니다. 양당의 치열한 투쟁과 상호 반대로 일관한 우리나라 정당 형태는 정치의 비효율성과 국민 분열만을 초래하였고 국민을 실망시켰을 뿐이다.

정당의 구도는 각 나라의 역사적, 문화적, 사회적 성격에 의하여 자연스럽게 형성되는 것이다. 이제 고착화된 양당구도나 이념 구도, 지역적 구도를 벗어나 다양한 사회적 욕구와 가치를 대변하는, 실용적이고 실천적인 정당이 출현하여야 할 것이다. 정당이 여론의 다양성을 내세워 국민을 둘로 나누고 셋으로 편을 갈라 경쟁하는 것으로 정당의 존재가치를 찾지 말고, 국민 대다수의 염원을 찾아내고 그것을 구심점으로 만들어 키워 나가야 한다. 그러기 위해서는, 국민 여론 중 합리적 타당성이 있는 대세적 여론을 정리하여 하나로 정제하고 결집하는 능력을 지닌 중심적 정치세력(정당)이 필요하다. 이 중심세력을 중심으로 다양한 정당들의 정책이 함께 융합되는 상생의 정당정치가 이루어져야 국민통합과 정치발전 및 정치안정을 가져올 수 있는 것이다.

2. 중선거구제(광역지역구) 와 의원정수

기성 정치인들은 소선거구제 폐지 얘기를 항상 싫어하고 반발한다. 그들의 내심은 기득권 상실을 염려하는 것이고 반대하는 논리는 지역

대표성 상실이라는 것이다. 그러나 지역 대표성이 구, 시, 군 단위라야 보장되고 광역시, 도 단위는 지역성이 없다고 하는 것은 맞지 않다. 지역이 조금 더 넓어진다 해도 후보자 선정과정에서 소단위 지역별로 배분할 수도 있고 비례대표나, 더 나아가 광역 지방의회 의원으로 보완할 수도 있다. 기성 정치인들은 선거구가 잘게 쪼개질수록 자리가 많아지기 때문에 좋아한다. 그들에게 정치적 발전이 안중에 있을 수 없다. 그들이 말하는 지역 대표성이라는 것은 고작해야 예산 편성 시 예산 당국에 로비하여 출신 지역에 몇 푼 더 배정받으면 점수를 딴다는 생각이다. 이러한 행태는 예산 편성의 공정성과 공공성을 파괴하고 예산 누수 현상을 가져오며, 분할보다는 통합이 필요한 우리 현실에서 국익을 좀먹는 행위이다. 국회의원은 지역별로 배출하였으나 국가를 위하여 일하는 자리이다.

소선거구제는 작은 공간 속에서 쟁탈전을 벌이기 때문에 치열한 근접 육박전으로 인하여 선거가 과열되고 부정 선거운동이 난무하며 후보자들 서로 간은 물론, 지역 주민들까지 편을 갈라 대립하고 비방하며 적대시하는 등 선거 후에도 앙금과 갈등이 남아있게 된다. 이러한 과열경쟁 상황에서는 무조건 승리해야 한다는 욕구가 더욱 발동하게 된다. 그리하여 선거 비용은 양성적인 것보다 음성적인 것이 훨씬 많이 소요되는 것은 공공연한 비밀이며 현실이다. 또, 좁은 지역일수록 특수한 인맥이나 정서를 이용한 매수가 가능하고, 여론의 편향성이나 오도가 가능하여 선거 결과는 주민 전체의 의사와는 다르게 왜곡되어

나타나는 경우가 적지 않다. 따라서 당선된 정치인도 지역구를 의식하지 않을 수 없고 소아적 지역 대표성에 매몰되어 거시적인 국사를 망각하거나 등한시하게 된다. 그리하여 소선거구제는 지명도 높은 기성 정치인의 연속 당선을 보장하는 도구로 전락하였다. 이러한 소선거구제도의 폐단을 없애고 조용하고 깨끗한 선거문화와 품격있고 거시적인 정치를 지향하기 위해서 중선거구제를 채택해야 한다. 또, 중선거구제도는 보다 폭넓은 주민의 의사가 왜곡 없이 반영되기 때문에 투표율이 저조하여도 요행에 의한 결과가 나올 확률은 매우 낮다.

선출 인원

인구 25~30만 명당 1인

투표 방법

1인 기표 방식으로 하되, 투표수의 5% 이상 득표자 중에서 다득표자 순위로 당선자를 결정한다. 이 결과 결원이 생길 경우에는 비례대표로 충당한다.

의원 정수

광역 지역구 의원 정수는 최대 200명으로 한다.

비례대표의 지역안배

광역 지역구 의원 선출 결과 지역이 넓거나 (여러 개의 시, 군) 인구가 많은 지역 (예: 20만 이상)에 당선인 배출지가 없을 경우 비례대표 선출 시 이 공백지역 출신 후보자를 우선 선정한다.

3. 기초의회 폐지

폐지 기준

인구 25만명 미만 지역의 기초 의회는 폐지한다.

기초의회 부활시기

인구 25만명 미만 지역의 기초의회는 지방재정의 자립도가 75% 이상이 될 경우 부활할 수 있다.

보완책 (폐지 지역)

● 도시지역 : 통장이 추천하는 지역주민 1명
● 시골지역 : 이장이 추천하는 자연부락 단위 지역 주민 1명
  상기 주민이 참여하는 지역 주민 회의를 시, 군 단위당 연간 2회 실시한다.

4. 국회의원 평가제 도입

　무소불위의 권력을 행사할 수 있고, 면책특권이 있으며 높은 지위와 보수를 보장받으면서도 부정과 비리를 일삼고 국회 활동을 태만하게 하는 등 통제받지 아니하는 국회의원을 국민이 직접 감시하고 통제하기 위하여 국회의원에 대한 평가 제도를 도입하여 우수한 자는 칭찬하고 불량자에 대하여는 응분의 질책을 가하고자 하는 것이다.

평가 범위

● 직무평가 - 국회의정 평가
● 도덕성 평가
● 여론조사

(1) 국회의정 평가

평가사항	평가방법	내용
결석	감점	본회의 결석 1회당 △ 10 상임위 결석 1회당 △ 5 ＊공무상 사유나 불가피한 개인사정으로 　승인받은 경우에는 예외로 함
의안발의	가점	발의 1건당 +5 상임위 통과시 +10 본 회의 통과시 +20
정책개발	가점	당 정책위 채택 시 1건당 +10
총점		

(2) 도덕성 평가(직무, 사생활)

평가사항	평가방법	내용
민, 형사상 기소	감점	1건당 △100
품위 손상 및 부적절 행위	감점	1건당 △50
국회내 폭력	감점	1건당 △100
국회내 욕설, 폭언	감점	1건당 △50
허위사실공포 및 명예훼손	감점	1건당 △50
사회기부	가점	정기적 기부 (연간 3회 이상 총금액 500만 원이상) A급 +150 B급 +100 C급 +50 1회성 기부 (연 2회 이하) A급 +100 B급 +50
총점		

(3) 여론조사

  - 출신지역 여론조사

  - 전국 여론조사

구분	조사항목	위준	성취도	가감점
출신지역 여론조사	공약 이행율	1년차 25%	A(90% 이상 성취)	+50
		2년차 50%	B(70% 이상 성취)	0
		3년차 75%	C(60% 이하 성취)	△50
		4년차 100%		
	도덕성	A		A : +20
		B		B : 0
		C		C : △20
	청렴성	A		A : +20
		B		B : 0
		C		C : △20
전국 여론조사	정치인 능력	A		A : +50
		B		B : 0
		C		C : △50
	자질	A		A : +50
		B		B : 0
		C		C : △50
	애국심 및 충성심	A		A : +70
		B		B : +20
		C		C : △70
	도덕성, 청렴성	A		A : +70
		B		B : +20
		C		C : △70
총점				

평가 시기와 방법

평가정보와 자료 수집은 매년 말 기준 기록적 근거, 여론 근거에 의하고 여론조사는 매년 12월 중에 권위 있는 조사기관에 의뢰.

평가 주관기관 및 협조기관

평가 업무는 국회사무처가 주관하고 검찰청으로부터 범죄사실 내용(벌과금 포함)을 통보받고 국세청으로부터 탈세, 미납, 체납 사실 여부를 통보받는다. 평가 결과는 매년 초 상위 10%와 하위 10%를 공개한다.

평가 불량자에 대한 제재

국회의원 임기 4년 차 하반기 초에 3년간의 평가와 4년 차 상반기 평가를 종합하여 최종적으로 상위 10%와 하위 10%를 공표한다. 하위 10%에 대하여는 차기 공천대상에서 제외하고 다른 공직이나 공기업 진출을 금지한다.

출신지역(출마지역) 여론 현지조사

편의성을 위한 기존의 전화 여론조사는 응답자의 정확하고 진실된 의사가 표현의 불명확, 질문자의 자의적 해석과 가공 등으로 왜곡될 수 있어 신뢰성이 부족하다. 따라서 지역을 구분하여 특정 마을이나 동네를 표본으로 선정하여 직접 현지 출장하여 방문조사를 실시하고 상담이 불가능할 시 예외적으로 전화 조사로 보완한다.

5. 국회의원 면책특권 축소

국회의원 면책특권은 국민과 국익을 위한 중대한 정책적 소신과 정당한 견제와 비판을 위하여 부여된 것이지, 개인의 불법 비리 행위를 보호하기 위한 것이 아니다. 따라서 정치적 소신과 부당성에 대한 비판과 관련이 없는 뇌물수수, 부정과 비리, 비도덕적 파렴치 행위 등은 면책특권을 부여해서는 안 된다. 이러한 행위는 특히 증거인멸이나 조작이 가장 많이 자행되는 것들이다.

6. 국회의원 연임제한 (휴식년제 실시)

모든 직업과 업무에는 정년이 있고 연임제한이 있으나, 유독 국회의원만 아무런 제한이 없는 천혜의 직업이다. 그리하여 너도나도 국회의원이 되고자 혈안이 되어있다. 국회의원도 최대 3회 연임으로 제한하여야 한다. 그리하여야 안일 무사한 타성과 변화를 두려워하는 기득권 유지나 파벌의 온상을 제거할 수 있다. 그리고 신진 세력에게 진입의 기회를 주고, 진입의 문도 넓혀야 한다. 물론 훌륭한 기존 정치인마저 정치권에서 영원히 퇴출한다는 뜻은 아니다. 연 3회 이상 연임한 경우와 3회 이상 연속 출마한 자는 최소 1기의 휴식년제를 실시하여 스스로 점검 성찰하는 기회를 주고 평등한 자유경쟁을 막는 기득권의 유지나 우월적 이용을 없애야 한다.

7. 투표율 제고 방안 (위임 투표제)

위임 투표제

　모든 법률행위에 위임행위가 인정되고 있는데 공적 선거의 투표권 행사만 고정된 관념과 타성을 고집하고 있다. 우리나라 투표율 저조 현상의 근본 원인은 정치 불신에 의한 정치 무관심에 있지만, 그렇다고 이대로 방치할 수는 없다. 소인배 정치인들은 투표율이 낮을수록 당원 등 자기 패거리에 의한 판세 결정력이 높아지기 때문에 전혀 문제 삼지 않고 있다. 투표율을 낮게 만드는 또 하나의 원인은 직장 상황이나 사업상 이유 때문이다. 대기업의 생산직 근무자나 중소기업에 종사하는 대부분의 근로자, 농·축산업에 종사하는 사람들, 각종 분야의 일용직들은 투표 때문에 직장일, 농사일, 공사판일, 자영업 일들을 그만둘 수 없다. 회사의 형편이나 일의 특성 때문에 특정 시간대를 인위적으로 비우거나, 변경하거나, 포기할 수 없는 것이다. 더구나 이슈의 중대성이 떨어지는 보궐선거, 지방 단위의 각종 선거는 더욱 투표 참가율이 저조할 수밖에 없다.

　오직 대통령 선거만 정상적인 투표율을 나타내고 있다. 투표율이 매우 낮을 경우 민의의 대표자를 뽑는 대의 민주주의뿐 아니라 직접 민주주의 방식에 있어서도 선거의 의미가 전혀 없는 것으로서 큰 문제가 아닐 수 없다. 이러한 민주주의의 근본적인 문제이며 폐단인 투표참여의 방임성과 저조한 참여율을 개선하기 위해서 가장 현실성 있는 방안이 위임투표방식의 도입이다. 그 방법을 예시하면 다음과 같다.

① 주민등록상 동거가족

주민등록상 동거가족이 실제로 한 집에 사는 경우, 위임은 매우 쉽다. 직업상, 또는 기타 사유로 실제로는 타지에 거주하는 경우에도 친족관계에서는 얼마든지 위임이 가능하다. 복잡한 부재자 투표 방식을 이용할 필요가 없다. 따라서 지금의 우편방식 부재자 투표제도는 근본적으로 개선할 필요가 있다.

② 주민등록상 별개 세대인 가족

타 지역에 별개 세대를 구성하고 있는 타 지역에 거주하는 친족(주로 미혼 자녀와 같은 1인 세대)은 주로 직업상, 또는 학업상의 이유가 대부분으로, 이 역시 사전에 부모나 형제자매에게 위임하면 된다. 선거법상 부재자는 아니지만, 단순히 공간적(거리적) 문제를 해결하는 복잡한 부재자 투표제도의 한계를 넘어 직장형편이나 기타 개인의 특별한 사정을 고려하는 발전된 투표권 행사방식이 될 것이다.

해외 거주자의 온라인 투표제

우선 해외 거주자를 대상으로 온라인 투표제도를 연구해야 한다.

방문 투표제

지역의 특성상 벽지나 오지에 살거나, 고령자나 질환자를 위한 조치로서 각 후보자 관계인, 선거관리직원, 경찰관이 탑승하여 현지를 방문하여 투표하게 하는 방법이다.

8. 투표율 하한제

투표를 강제할 수 없다는 이유 하나로 투표율이 한없이 낮아져도 문제가 없다고 생각하는 것은 잘못이다. 참정권은 절대적 불가침의 사적 자유권이 아니다. 국민이 시민권을 포기하지 않는 한 국가를 부정할 수 없다. 참정권의 완전한 포기는 국가를 포기하는 것과 같다. 따라서 참정권은 공공성을 지닌 자유권으로서, 무한의 자유를 인정할 수 없다. 그러므로 투표율이 0(영)에 가까워진다면, 그 효력은 인정할 수 없다. 또, 투표율이 매우 낮다는 것은 국민이 해당 선거를 부정하는 의사결정을 했다고 볼 수 있다. 따라서 투표를 boycott(기권)하는 유권자가 매우 많을 경우에는 투표를 거부하는 이들의 의사(유권자의 의사)를 존중해야 한다.

그렇다면 '선거의 유효, 무효를 결정하는 투표율을 구체적으로 어느 정도로 결정할 것인가?' 가 문제이다.

먼저, 하한선을 수치로 계산해 본다.

민주주의 표결방식에 다수결 원칙을 적용해 보자. 의사 정족수는 최소 과반수이며 이 과반수의 과반의 찬성으로 안건의 채택 여부가 결정된다. 이것을 숫자로 표시하면, 50% 초과 인원의 50% 초과이므로 결국 25% 초과가 된다. 따라서 재적인원의 25% 초과면 특별한 것을 제외하고는 모두 결정할 수 있는 셈이다. 이를 투표에 대입하면 투표율 25% 초과에 해당한다. 하한선은 25%이다.

또 다른 방법으로 접근해 보면, 국회의원 선거의 경우 평균 투표율이 65% 정도였다. 이 경우의 과반수는 32.5%이다. 만약 투표율이 좀 더 상승한다면 정상 투표율이 75% 정도로 될 것이다. 이 절반은 37.5%이다. 앞으로 투표율 제고를 목표로 노력해야 하므로 실제 적용 하한선은 35%~40% 정도로 정하여 시행하고 투표율이 이보다 낮을 경우 그 선거는 무효로 하는 것이다.

선거관리 기관에서는 행정편의상 재선거를 싫어하겠지만, 행정편의보다 중요한 것이 국민의 의사를 받드는 것이다. 이러한 사태를 방지하려면 선거관리 당국의 많은 노력이 필요하다. 선거가 무효로 된 경우, 해당 지역은 기존 등록 후보자를 다시 평가하는 후보자 여론 조사를 실시하여 유권자가 기피하는 후보자를 부적격자로 사퇴시키고 추가로 후보자등록을 접수한 후 1개월 이내에 재투표를 실시한다. 투표율 하한제는 우선 국회의원선거와 광역단체장선거에 적용한다.

9. 보궐선거의 폐지

수많은 선거로 국민은 피로감과 싫증을 느끼고 사회는 선거행사로 조용할 날이 없을 지경이다. 국회의원과 수천 명이 넘는 지방의회 의원과 단체장은 항상 결원이 생겨 계속 선거가 이어지고 있다. 보직자가 한 사람뿐인 대통령이나 지방자치 단체장은 불가피하게 보궐선거가 필요하겠지만, 의회의 경우 소수의 결원이 의회운영을 마비시키는 것도 아니다. 따라서 국회의원과 지방의회의원의 보궐선거는 폐지한다. 이 경우, 결원은 해당 지역 선거의 득표수 차순위자가 승계한다. 단독 출마지역의 경우, 결원이 발생할 시에는 공석으로 유지한다.

10. 오픈 프라이머리 제도 도입

한국 정당정치의 비민주성과 후진성의 문제는 모두가 알고 있는 숙제이며 해결 과제임에도, 기존 정치세력이 지배하고 있는 정치권은 현상 안주의 매너리즘에 빠져있기 때문에 적극적인 개혁 의욕이 아예 없으며 누구 하나도 앞장서 끌고 갈 의지나 용기를 가지고 있지 않다. 그것은 모두 개인적인 이해타산이 먼저일 뿐 아니라 일부 개혁의 필요성을 느끼는 사람이 있어도 위험을 무릅쓰고 고양이 목에 방울을 달 쥐는 없기 때문이다. 정당의 비민주적 행태는, 선거에 출마시킬 후보의 선정, 후진 정치인 양성, 당론 결정에서 뚜렷이 나타나고 있으며 후진적 행태는 파벌조성, 중진우선과 기득권 유지, 사익추구 우선, 정치개혁 기피 등으로 나타나고 있다.

이러한 의식구조와 관행적 행태는 모든 부정부패의 근원이며 정치 타락의 원인이 되고 있다. 이러한 것들의 중심에 있는 것이 정치인의 성공 관문인 선거 출마의 배타적 자격 부여와 획득이다. 모든 조직에서 권력의 핵심은 인사권에 있듯이, 정당에 있어서 파벌 간, 개인 간 투쟁과 다툼의 핵심 역시 출마 후보자를 선정, 추천하는 이른바 공천권 행사이다. 정당 내 파벌과 개인들은 이것을 둘러싸고 많은 잡음과 불협화음을 일으키고, 부정, 암투, 공작이 난무한다. 따라서 그 결과는 항상 시끄럽다. 국민의 입장에서 보아도 이해할 수 없고 용납할 수 없는 일이다.

정치인의 대표 격인 국회의원은 본인의 원대로 평생 직업을 보장받는 것이 아니고 국민의 선택이 있어야 한다. 그럼에도 불구하고 후보자들은 모두가 자신은 반드시 선정되어야 한다는 독선과 이기심이 꽉 차 있고, 정당들은 자의적 기준과 평가로 후보자를 결정하여, 결과에 대하여 불복, 불평, 항거하는 잡음과 혼란, 불화의 추태가 일어나고 있다. 이것은 과정상의 문제점일 뿐 아니라 정치 원론적 차원에서도 문제가 있다. 모든 결정은 주인인 국민에게 돌려줘야 한다.

후보지원의 개방과 공개 모집

정치 입문을 위한 예비후보 지원에 있어 자격의 제한이나 조건 없이 누구나 희망하는 정당을 선택하여 지원할 수 있게 하는 것이다. 지원은 본인의 자진 지원뿐 아니라 타인의 추천도 가능하다. 지원과 모집은 선거실시 예정 시기로부터 최소 6개월 전에 실시하여 충분한 검증이 이루어지도록 한다. 지원 서류 및 참고서류는 정당이 적절히 정할 수 있게 한다. 타천에 의한 경우는 정당이 추천받은 인사에게 지원 의사를 확인한 후 처리하여야 한다.

지원자에 대한 검증과 여과

① 기초적 신상조사

피선거권자에 관한 관련 법규와 지도층으로서 갖추어야 할 건전한 사회적 일반상식의 기준에 어긋나거나 벗어나는 사항을 적출하기 위하여 필요한 조치로 신원보증(경찰), 범법경력(검찰), 납세 불성실(국세청), 병역의무 이행(병무청) 등을 확인하는 조사(서면 조회)를 실시하고, 조회결과 부적격자는 당연히 정치 입문을 배제(지원 접수 취소)한다. 소요기간은 1개월 정도로 한다.

② 서류심사(소요기간 1개월)

정당은 심사위원회를 구성하여 지원 서류를 검토하고 필요한 경우 사실 여부를 조회, 또는 조사한다. 허위사실 적발 시의 조치는 ①항의 경우에 준한다.

③ 탐문조사(소요기간 1개월)

심사위원회는 지역에 출장 순회하며 지원자의 서류상에 나타나지 않는 도덕성 결여, 신용불량, 나쁜 습관(주벽, 과음, 도박, 폭력, 성도착, 성 문란, 악성 채무), 정신질환 등을 탐문, 조사하고, 개인별 조사서를 작성한다. 조사결과 문제가 있는 경우에는 심사위원회 의결을 거쳐 처분한다.

④ 면접심사(소요기간 1개월 이내)

앞선 심사와 조사결과 부적격으로 배제된 지원자를 제외한 나머지 지원자에 대하여 면접심사를 통보하고 개별적으로 면접을 실시한다. 정당은 면접 심사위원회를 구성하고 기초소양, 건강상태, 경제적 상황, 가정생활, 사회생활 등을 확인하고 A, B, C로 평가하거나 항목에 따라서는 무등급(0점 처리), D등급(감점 처리)을 부여한다.

종합 평가

서류심사, 탐문조사, 면접조사 결과를 종합하여 부문별 평가표를 만들고 평가항목별 평가 기준에 의거하여 개인별로 종합 평가한다. 지원 접수로부터 평가표 작성까지의 총 소요기간을 4개월 이내로 하여 선거실시 2개월 전에 완료되도록 한다. 평가 결과는 총점에 의하여 순위가 정해지지만, 가장 중요한 도덕성과 인성, 국가관 부문에서의 각각 두 개 항목 이상에서 사회적 지탄 대상인 D등급(감점)을 받았을 경우에는 총점순위와 상관없이 후보에서 배제한다.

＊부문별 평가항목과 기준

A	100%
B	60%
C	30%
D	감점 100%
무등급	0점

분야	배점비율	항목과 배정	내용	평가기준
도덕성	25%	범법경력 8점	중범 - 금고 이상 경범 - 기소유예, 벌금	범법 없음 - A 경법 - 무등급(0점) 중범 - D(감점)
		윤리 7점	효도 가정생활, 성윤리	칭찬여론 - A 무난 - B 비난여론 -D
		금전관계 5점		깨끗, 타인보증 - A 무평판 - B 개인채무불이행 - D
		상습체납, 상습 납세 기피 5점		깨끗 - A 무난 - C 상습적 - D
인성	25%	사회기여 10점	기부, 봉사	객관적 사실, 존경 - A 봉사활동 - B
		생활태도와 생활 습관 10점	배타성, 이기주 의 나쁜습관 주벽, 도박, 폭력, 성문란	배려심 모범적, 절제적 - A 보통-B 불량-D
		사회성 5점	사회질서, 공동체 의식, 교통법규 준수, 환경 보호	적발건수 및 과태료 처분- 많은 경우 - D 적은경우 - C 없는경우 - A

분야	배점비율	항목과 배정	내용	평가기준
직무능력	15%	기초소양 3점	면접평가 서면평가	우수 - A 보통 -B 부족 - 무등급
		학력 3점	수준, 전공	정치, 경제전공 대졸 - A 일반대졸 - B 고졸 - C
		경력 3점	경륜, 전공 전문직 자격	정치, 경제박사, 10년 이상 - A 변호사, 회계사, 의사, 통역사 - A 공직4급 이상, 대기업 중역 - A 기타 경력 10년 이상 - B
		건강 3점	건강진단서 면접시 문진, 거동	양호 - A, 보통 - B 허약, 요양 필요 - D
		경제 3점	재산, 소득 정도	부유층 - A, 보통 - B 생계곤란 - 무등급
국가관	20%	병역의무이행 5점		현역 - A, 보충역 - B 면제 - 무등급 기피 - D
		통일관, 외교관 5점	대북관, 영토관 - 독도	강경 - C, 통일반대 - D 변화유도, 포용 - A 대일본 강경 - A 기타의견 - 무등급
		국민통합관 5점	지역편견해소	적극적 - A 무소신 - 무등급 편견 소유 - D
		서민복지 5점		적극적 - A 소극적 - C 반대 - D
주민선호도 당선가능성	15%	인지도 5점	여론조사 주민 의견 탐문	높은 편 - A, 보통 - B, 낮음 - C
		종합평판 5점	도덕성, 인성, 능력	높은 편 - A, 보통 - B, 나쁨 - D
		연령 5점	40대~70대	40대 - A, 50대 - B, 60대-C 70대 - 무등급

예비후보의 선정 (소요기간 1.5개월)

정당은 종합평가 결과 여과과정을 통과한 최종 지원자를 입당 조치하고 예비후보자 경선 작업에 들어간다. 예비 후보자 경선도 3차례의 여과 과정을 거쳐 최종 후보를 선정하되, 1차는 완전 국민경선, 2차부터는 당원투표를 일부 반영한다.

□ 1차 예비후보자 선정

당 선거관리위원회는 종합평가 순위에 따라 상위 20명(지원자가 적을 경우에는 전원)을 경선에 참여시켜 10명(인원이 적을 경우에는 전원)을 선발한다. 국민경선은 주민투표와 여론조사 두 가지 방식으로 실시하고 각각의 순위에 차등 배점하여 합산한 점수로 순위를 정한다.(예: 1등:10점, 10등:1점)1차 검증은 100% 국민 여론에 의하며, 모든 대상자(신인, 현역, 다선)에게 평등하게 적용한다.

① 주민투표

주민투표는 여론조사 방식의 폐단(조작, 불신)을 막기 위한 것으로, 정당별로 투표장소와 일자를 달리하되 군지역과 소도시지역은 지역의 장날을 이용하고 도시지역은 토요일, 일요일을 이용한다. 투표 장소는 군 지역, 소도시는 1개소, 도시 지역은 동별 1개소를 설치한다. 투표참여자를 늘리기 위해서는 참여자에게 식사권이나 상품권을 지급하는 방안을 고려하는 것이 좋을 것이다. 비용은 정당이 부담하는 것을 원칙으로 하되 국가가 일부 보조할 수 있다.

② 여론조사

주민투표의 투표율은 매우 낮을 것이므로 국민 여론을 최대한 수렴하기 위해서는 여론조사를 실시하여 보완하여야 한다. 여론조사는 전화 조사와 거리 입간판 스티커 부착 방식을 활용하며 조사 담당은 공정성을 위하여 제3의 전문기관에 의뢰한다.

□ 2차 예비후보자 선정

1차에서 선발된 후보자를 대상으로 경선을 실시하여 3배수인 3명을 선출한다.

선정방식	주민투표 30%
	여론조사 30%
	당원투표 30%
	1차 경선 성적 10%

□ 최종 후보자 선정

2차에서 선정된 3인 중 1명을 최종으로 뽑는 경선이다.

선정방식	여론조사 50%
	당원투표 40%
	당 선거관리위원회 의견 10%

사법 계획

사법제도가 피해자를 구제하고 보호하기 위하여 존재함에도 실제로는 피해자가 제대로 구제받지 못하고 있다. 대부분의 피해는 완전한 원상회복이 어렵다는 엄연한 사실에도 불구하고 사법제도의 현실적 운용은 가해자의 입장과 주장이 사법판단과 사법행정의 중심을 점유하고 있는 현상이다. 3심제 역시 피해자보다 가해자가 주로 활용하고 있다. 범법자인 가해자에게는 이중의 온정이 베풀어지고 있다.

첫 번째는 판결과정에서 수많은 변호와 로비활동, 3심제 이용으로 형량이 최소화된다는 것이다.

두 번째는 최소화된 형량에서도 형 집행 과정에서 보석, 가석방, 형 집행정지, 사면, 복권 등으로 다시 온정이 베풀어진다는 것이다.

범죄자인 가해자는 대개 힘이 있는 자들이다. 권력이나 재력이 있고 폭력을 행사할 수 있는 주먹이 있고, 포악한 성격, 남을 속일 수 있는 두뇌의 힘이 있다. 어떠한 면에서 보든지 강자들이다. 피해 국민을 대신하여 형벌권을 행사하는 국가가 가해자에게 온정을 베풀 권한이나 재량권은 없다. 가해자에게 온정을 베풀 수 있는 권한은 오직 피해자만 가지고 있다. 중제자인 국가는 중립성을 엄격히 지키는 것이 대리인의 자세이며 임무이다. 법 적용이나 법 집행이 흔들리고 자의적이며 재량권이 남용된다면 법치는 제대로 이루어질 수 없다.

위로의 손길이 필요하다면 가해자가 아니라 피해자에게 어떠한 방식으로든지 베풀어야 할 것이다. 현재의 사법 행정을 보면 범법자에 대한 법 적용 시에 관용, 형 집행 시에 관대함으로 이중의 관용이 베풀어지고 있는바, 이는 사법부의 실질적 독립이 확보되지 못하였음을 의미하고, 또 다른 원인은 사법부에 몸담은 모든 조직원(법관, 검찰, 법무행정 담당자)과 법조계(변호사 등) 인사들이 사법의 진정한 의미와 중요성을 체득하지 못하고 있거나 망각하고 있기 때문이다. 사법부의 권위는 사법부 스스로가 무너뜨리고 있으며, 이것이 국민의 사법부 불신으로 이어지고 있는 것이다. 형벌규정에 대한 재량권 남용과 관대한 적용으로 사회 전반의 범죄에 대한 죄의식은 저하되고 경각심도 약화되어 있다. 특히 경제사범에 있어서는 더욱 심한 편이다. 앞으로는 집행유예, 가석방, 보석, 형 집행정지, 사면 등의 행위는 극히 제한하여야 할 것이다.

1. 사형제도 시행의 정상화

살인은 가장 심각한 중범죄이다.

사형수에 대하여 형 집행을 한없이 보류하는 것은 중범죄자에게 특혜를 주는 것과 마찬가지이다. 또, 사형수를 사형시키지 않는다는 것은 실질적으로 사형제도가 없는 것과 마찬가지다. 사형제도 폐지 여부에 대하여 현재 선진국들이 논란을 벌이고 있는 실정이며 선진국들은 사형제 폐지가 마치 선진성을 가늠하는 기준이 되는 것처럼 생각하고 있는 것도 현실이다. 그러나 세계의 선진국이라고 분류되는 어느 나라도 자국의 인권문제를 완벽하게 해결하지 못하고 있다. 그럼에도 불구하고 그들이 사형제 폐지를 주장하고 있는 것은 가소로운 일이다.

논지의 근원은 두 가지로 요약해볼 수 있다. 하나는 종교적 시각으로, 인간은 하느님이 만들었기 때문에 인간이 인간을 죽일 수 없다는 것으로, 생명은 신적 차원의 문제이며 인간사회인 현실세계의 논리가 될 수 없다는 취지에 근거한다. 그러나 신이 만들었다는 지구상의 모든 생명체는 약육강식과 이기적이고 배타적인 치열한 생존 경쟁으로 평화 없이 살아가고 있으며 이것이 자연의 순리가 맞는지 의아해하고 있다. 인간들은 이러한 상황을 조금이나마 조정하고, 조절해 보고자 사회제도를 만들어 애쓰고 있을 뿐이다. 종교 역시 스스로도, 이러한 현실세계의 생존문제는 종교의 힘으로 해결할 수 없음을 알고 있으며, 이에 대한 대안으로 영적인 사후세계, 구원과 정토라는 미래세계를 도입하였다. 십자군 전쟁을 비롯한 수많은 종교 간 전쟁의 대립과 배척은 현재까지 지속되어 내전과 살육과 테러가 온 세계를 불안에 떨게 하고 있다. 과연 종교가 경전과 성경 등 선각자의 말씀만을 내세우는 것으로, 인간의 존엄성이나 생명의 존엄성을 담당한다고 떳떳하게 주장하고, 현실적으로도 해결할 수 있는가? 인간은 동물의 일종이며, 불완전한 존재이다. 따라서 인간이 만든 사회나 국가 역시 완전하지 못하다. 인류는 이러한 불완전한 제도와 틀 속에서 문화를 형성하며 그럭저럭 살아가고 있는 것이다. 사법부, 사법제도 역시 이러한 환경 속에서 사회가 더 악화되지 않도록 힘쓰는 불완전한 인간의 조직일 뿐이다. 인명은 재천이라는 말이 있다. 이는 생명이나 생사라는 것은 자연의 순리이며 인간의 관할이 아니라는 뜻이다. 따라서 사람들이 천수를 누리고 싶다는 희망이나 생각 역시 애틋하게도 종교조차 해결하지 못하는 인간 밖의 영역에 속한다. 따라서 사형제 폐지가 천수를 보장해주는 것도 아니며 인간 생명의 존엄성을 해결하는 비법도 아닌 것이다.

사형제를 폐지하자는 또 다른 논지는, 사법부의 위선과 책임회피적인 "판결의 불완벽성"이라는 것을 말할 것이다. 사법부나 수사기관이 금언처럼 여기는 훈시적 어귀에 "100명의 범인을 놓치더라도 억울한 한 사람을 만들지 말라."는 것이 있기 때문이다. 이 말은 매우 감동적인 명구로 수사권이나 사법권 행사의 속성을 극명하게 경고한 것이지만, 여기에 정신을 놓쳐서는 안 된다. 말은 매우 멋있지만, 사실은 비

현실적 공상성을 지니고 있기 때문이다. 현실에서 실제로 100명의 범인을 놓쳐서는 안 되는 것이다. 많은 사람의 피해를 예방하기 위해서는 혹시 한 사람의 피해가 발생할지라도 100명의 범인을 잡아야 한다. 실제상황에서는 100명의 인질을 구하려다 1명의 희생자가 나올 수 있다. 또, 한 명의 범인이라도 그 범인을 1명으로만 생각할 수 없다. 그 범인은 수백 명을 죽일 수 있는 무서운 바이러스일 수도 있고, 폭탄일 수도 있기 때문이다. 민주주의란 최대다수의 행복을 추구하는 제도이다. 인간의 가치는 동등하기 때문에 1명과 100명의 가치가 동등하다고 생각하는 것은 공상적 논리이다. 1명과 100명 중 어느 쪽을 먼저 살려야 할 것인지를 선택해야 한다면 100명을 먼저 살려야 한다. 한 사람의 억울함도 만들지 말라는 것은 인간의 존엄과 인권을 중시해야 한다는 당연한 말로, 수사나 판결의 신중을 강조한 것일 뿐이다.

사법제도의 문제점은, 어느 나라를 불문하고 사형제도의 문제가 아니며, 공평한 법의 적용이다. 권력이나 재력, 사회적 지위, 사적 인간관계나 감점 등을 극복하고 공정성과 중립성을 엄격히 유지해야 한다는 것이다. 국민의 생명을 보호하는 문제도 사형제도의 폐지가 해법이 아니고, 공정한 판결과 집행으로 서민과 약자를 보호하는 것이다. 사람은 누구나 살 권리가 있다. 그리고 스스로 죽을 권리도 있다. 그러나 남을 죽일 권리는 없다. 만약 사형 제도를 폐지하거나 사형수를 사형시키지 않는다면 어떻게 될까? 결과적으로 말하면 사람은 남을 죽일 자유가 보장되고, 남을 죽이는 것을 권리처럼 행사할 수 있으나, 죽을 의무나 책임은 지지 않는 것이 된다. 사회가 정상적으로 유지될 수 있을까? 속된 표현으로 죽은 사람만 불쌍하게 되는 것이다. 이 역시 약육강식의 사회를 심화시키거나 무정부 상태를 초래할 수도 있다. 최근의 상황에 의하면 수많은 인권 사각지대를 안고 있는 우리나라가 1급 살인범의 형량도 점점 가벼워져 가고 사형수의 사형집행도 무기한 보류하고 있다고 한다. 판결이 완벽할 수 없어 억울한 죽음이 있을 수 있기 때문에 사형제가 폐지되어야 한다는 주장은 논리 자체가 될 수 없는 탁상식 발상이며 자기책임 전가나 회피에 불과하다. 현실 세계에서 완벽한 사회제도는 하나도 없다. 모든 범죄에 대한 판결은 만에 하나 잘못되는 경우가 있을 것인데, 그 때문에 모든 단죄를 폐지해야 하는 것과 같은 것이다. 0.1%의 실패 가능성 때문에 99.9%의 성공 가능성을 포기하는 셈이다. 병원에서는 위급한 환자가 올 경우 1%의 생존 확률이 있어도 수술을 권유하거나 시도하고자 한다. 우리나라의 경우, 교통사고로 사망하는 사람이 한 해에 수천 명에 이른다. 이들 중 일부는 본인은 아무 잘못도 없이, 아무런 실수도 하지 않았음에도 목숨을 잃은, 그야말로 억울한 죽음이다. 이러한 억울함을 없애려면 어떻게 해야 할까? 교통사고로 죽는 것은 괜찮은 것인가? 아니라면 해법은 한 가지밖에 없다. 그것은 무엇일까? 모든 사람에게 운전을 못 하게 하거나 모든 자동차를 없애는 것이다. 현실에서 이것이 가능한 일인가?

사법부가 판결에 자신이 없다면 스스로 능력이 없다는 것을 나타내는 것이며, 이렇게 무능한 사법부는 존재할 가치가 없을 것이다. 수사나 판결의 불완전이나 오류 문제는 어떠한 수단과 방법을 강구하거나 연구해서라도 사법부 자체가 스스로 해결해야 할 문제이다. 이러한 문제로 사형제도 존폐를 운운하거나 사형집행을 무기한 보류함으로써 실질적인 사형제 폐지 효과를 꾀하는 것은 무능을 넘어 직무유기이며 법치주의의 위반이다.

사람은 행복하게 살 권리와 함께 행복하게 죽을 권리가 있다. 안락사 제도가 한 예이다. 죽음의 공포는 수명을 몇 년 더 연장시킨다고 없어지는 것이 아니라, 마음먹기에 달린 것이다. 생을 스스로 포기할 때 죽음의 공포는 사라지는 것이다. 사형수들은 죽음의 공포 때문에 사형집행 없이 평생을 감옥에서 살기를 바라겠지만 언젠가 한 번은 죽음의 공포를 대면하게 된다. 그들이 형장에서 죽는 것보다 감옥에서 죽는다 하여 더 행복하다고 볼 수는 없다. 삶에 지친 서민층 중에는 오래 살지 않고 차라리 빨리 죽기를 바라는 사람도 많다. 오직 마음대로 죽을 수 없기 때문에 살고 있을 뿐이라는 것이다. 감옥살이 역시 영화 "빠삐용"에서처럼 힘든 나날이라면, 죄수들은 사는 것이 죽느니만 못하다고 생각할 것이며, 다시는 죄를 지을 생각도 안 할 것이다. 반면, 죄수들이 만일 감옥이 살 만한 곳이라고 생각한다면 그것은 행형제도에 문제가 있는 것이다. 감옥살이가 속세에서의 삶을 위하여 힘들게 고생하는 것보다 더 낫다고 느낀다면 범죄자들에 대한 교정 효과는 아예 없을 것이다.

행형이 교정에 목적이 있고 사회적 피해를 예방하기 위한 것이라면,

사형 제도를 엄중히 운용해야 함은 물론, 모든 범죄에 대한 행형과 교정행정을 엄격하게 행사하여 90% 국민의 인권과 평안에 초점을 맞추어야 할 것이다. 이것이 사법부가 나아갈 길이다. 인간은 신다워야 하는 것이 아니라 인간다워야 하는 것이다. 사법부는 자신감을 가져야 한다.

2. 태형(笞刑) 제도 도입

최근 국내는 물론, 세계적으로 범죄는 급속도로 늘어나고, 또 흉포해지고 있다. 범죄가 늘어나는 원인은 세 가지로 나눌 수 있다.

첫째는 가난과 빈곤으로 의식주를 해결하지 못하여 생기는 본능에 의한 것으로, 이른바 생계형 범죄이다. 두 번째는 윤리·도덕의 붕괴와 양심의 상실 등 정신의 부패와 타락이다. 이상의 두 가지 문제는 단기적 처방이나 한두 가지 정책으로 해결할 수 없는 것들이다.

세 번째 원인은 행형제도의 실패 때문이다. 이로 인하여 범죄자들의 재범률은 점점 높아지고 있으며 우리 주위에서 전과 10범, 20범을 수두룩하게 많이 찾아볼 수 있다. 심지어 살인, 강도, 폭력, 테러 등 강력 범죄도 재범이 늘고 상습화되고 있다. 반대로 범죄자에 대한 형량은 가벼워지는 추세에 있고, 범인에 대한 인권적 배려도 강화되고 있으며 교정 행정은 느슨해지고 있다.

범죄에 대한 사법 당국의 미온적 자세는 사회 전반에 법 경시 풍조와 도덕 불감증을 초래하였다. 이에 따라 범죄는 증가하고 수사로부터 기소, 판결, 교정에 이르기까지 많은 인력과 비용이 소요되고, 업무량의 과다로 정상적인 수사와 신중한 심리 및 판결이 불가능한 현실이 되었으며, 교도소의 수감시설도 부족한 상황에 이르렀다.

경찰, 검찰, 법원의 실태를 조금이라도 알고 있는 사람들은, 그들이 밀려있는 일과 산더미처럼 쌓인 서류 속에 묻혀서 피곤하게 살고 있다는 것을 알 것이다. 사법부 최고 기관인 대법원도 마찬가지이다. 이러한 업무량 과중으로 인하여 사건처리는 지연되거나 졸속처리 되어 피해자의 인권과 손해는 방치되고 범죄 예방기능은 거의 상실되어가는 현 상황은 더 이상 방치할 수 없는 한계점에 와 있다. 여기에 수사권과 기소권 관할 귀속문제로 경찰과 검찰의 상호 갈등이 업무 능률을 더욱 저하시키고 있다.

이를 해결하는 데는 여러 가지 대책이나 접근법이 있겠지만, 범죄예방이나 사후처리에 있어 가장 효과적이고 실질적이며 능률적이고 경제적인 방안으로 태형제 도입을 강력히 주장한다. 흔히 처벌 규정이 강화되면 반발하거나 불평하는 사람들이 있는데, 그것은 그들이 앞으로 위법행위를 하겠다는 것과 마찬가지다. 평생을 올바르게 사는 사람들은 형벌이 아무리 강화된들 신경 쓰지 않는다. 또, 여기에서 주장하는 태형제 도입이 형벌의 강화도 아니다. 인식의 문제일 뿐이다.

우리나라의 역사로는 조선시대까지 태형제를 시행하였으며 중동의 이슬람권 국가에서는 현재도 시행하고 있다. 서방 선진국들은 태형과 같은 체벌 방식을 야만적 행위라고 지적하지만, 그들도 음성적으로는 여러 가지 체벌을 사용하고 있다. 수사 과정에서의 고문, 전쟁 포로에 대한 고문, 군대 내의 음성적 폭력행위, 가정폭력, 학교폭력, 체육계에서 행해지는 체벌 등 폭력이나 체벌은 동서양에 모두 존재하고 있다. 미국도 흑인 구타행위가 공개적으로 자행되고 있고 CIA도 고문의 효과를 인정한 바 있다. 태형제는 선진국으로 분류되는 싱가포르도 현재 시행하고 있다.

선진국들이 폭력을 싫어하는 것 같지만, 사실은 폭력성을 본능으로 지니고 있다. 미국이나 러시아의 마피아, 일본의 야쿠자의 존재, 권투 격투기, 프로레슬링을 즐기는 것이라든지, 미국이나 유럽의 대도시가 한국의 서울과 달리 야간 외출이 위험한 것 등을 보아도 알 수 있다. 그러므로 그들의 태형제 비판은 위선적이고 이중적인 행태이다. 사람들이 체벌을 싫어하는 것은 그들이 신사적인 사람이어서가 아니라 법과 질서를 지킬 자신이 없거나 매를 무서워하기 때문이다. 태형을 싫어한다면 그것은 체벌을 싫어하는 심리와 똑같다. 태형을 일부 사람들이 싫어하고 무서워한다면, 역으로 해석할 때 태형제도는 효과가 매우 크다는 것을 나타낸다.

태형 자체가 야만적인 것이라고 볼 수 없다. 사람을 괴롭히는 방법은 수없이 많다. 어떤 수감 경험자는 밤에 잠을 못 자게 하는 것이 가장 힘들더라고 말한 바 있다. 태형은 오히려 깨끗하고 단순한 편이다.

    체벌이나 태형이 우려되는 부분은, 그 처벌권 행사가 사적으로 이용되거나 강자에 의해 절제 없이 자의적으로 이용될 경우이다. 그러나 국가가 합법적 제도하에서 합리적이고 절제된 방법으로 운용한다면 그 효과는 매우 크고 업무량을 대폭 줄일 수 있으며, 업무처리가 간편하다는 것을 부인하는 사람은 아무도 없을 것이다. 태형 적용대상을 적절히 선정하고 남성을 주 대상으로 하며 여성의 경우는 특정 행위에 제한적으로 적용할 수 있을 것이다. 태형은 5년 이상인 형의 중범죄를 제외하고 5년 미만의 죄형 중에서 폭력범, 성매매, 공무집행 방해, 공갈협박, 음주난동, 절도, 성폭행, 성추행, 미성년자 성희롱, 기타 파렴치 행위와 노상방뇨, 환경파괴, 환경오염 등 경범죄에 적용하면 될 것이다. 또 집행유예로 실질적인 형을 면제받는 범죄자에게도 적용해야 할 것이다. 동시에 태형의 상한과 하한을 정하고 태형 기구와 신체 보호 장치도 개발해야 할 것이다.

– 적용 예시

구분　　　　성별	남성	여성
적용연령	60세 이하	60세 이하
적용 신체 부위	엉덩이	종아리
사용기구	곤장	회초리
회수	10~50회	10~30회
대상범죄		폭력행위 성매매 음주난동 상습도박

글로벌 시대라 하여 모든 것을 서양의 눈치를 볼 필요는 없다. 동양적 고유문화를 모두 버려서는 안 된다. 서구 선진국들의 범죄 문제는 우리보다 더 골치 아픈 형편이며 우리보다 더 잘 처리하고 있는 것도 아니다. 우리는 우리가 필요한 경우 우리 나름대로 주체성과 주관을 가지고 나아가야 할 것이다.

교육 개혁

우리 사회의 교육이 가정에서부터 실종되었다는 것은 엄연한 사실이다. 그러나 가정교육의 문제는 사적 영역이기에 본 장에서 다루기에는 적절하지 않다. 따라서 학교 교육을 중심으로 다루고자 한다.

과거의 학교 교육이 훌륭했다고 할 수는 없지만, 그래도 과거에는 스승상이라는 것이 조금은 존재했었다. 지금의 학교 교육은 언제부터인가 모르게 변질되어 오다가 현재는 본궤도에서 완전히 벗어나 버렸다. 자본주의 경제가 지배하는 현시대는 달콤한 물질의 맛을 보여주었지만, 그 혜택은 부유층이 차지하게 되고 부유층이 아닌 계층은 뱁새가 황새를 쫓아가다가 뱃구레만 커지고 입맛만 고급으로 버려놓은 셈이 되었다. 사회는 다수를 위한 민주주의마저 허울만 남고, 불평등과 차별, 빈곤의 상존으로 실질적 자유는 줄어들고 있다. 이러한 사회적 현상에도 불구하고 교육은 이를 개선하려는 노력은 포기한 채 오직 "이기는 자"를 만드는 것이 최대의 목표가 되어, 인간다운 인간과 아름답고 행복한 사회건설의 꿈은 버리고 말았다. 인류의 멸망론이 최근 제기된 것도, 행성 충돌이나 기후변화, 질병확산 같은 자연재해만을 말하는 것이 아니라, 오늘날 인간사회의 병적 현상을 크게 우려한 것이다.

우리 교육은 자포자기적 나약함에 빠져있지 말고 지금부터는 교육의 본 모습을 찾아야 한다. 교육의 문제는 교육자의 자질과 제도의 문제이지만, 교육자의 자질문제는 사회 전반에 걸친 거대한 주제이므로 여기에서는 제도적 측면 위주로 논하려 한다.

1. 초등학교의 개혁과 정상화

학교 교육의 시작은 초등교육이고 초등교육은 학교 교육의 기초이며 핵심이다.

농사에서 먼저 싹을 틔우고 모종을 키우는 중요한 초기 과정과 같다. 만 6세에서 12세까지는 생물학적으로도 두뇌 형성이 거의 완성되고, 모든 언어습득도 완전해진다고 한다. 그리하여 만 6세 이후 15세까지 10년간의 교육이 모든 사람의 "인간"을 좌우한다. 이 기간은 초등학교와 중학교 과정에 해당한다. 초등학교 교육이 어린아이들을 상대하는 것이라 하여 쉽게 생각해서는 안 되며 대충 넘어가서는 안 된다. 그때의 기억은 평생 남아있다는 것을 알아야 한다. 어떤 사람은 초등학교 때 담임선생님의 밥 한 숟가락을 40번 씹으라는 말씀과 하루 세 번 꼭 양치질하라는 지시를 듣고 80 가까운 평생을 실천한 결과, 누구보다 건강하고 단 한 개의 이도 뺀 것이 없다고 한다.

초등학교 교육은 교재나 가르치고 숙제나 내주는 식의 시간 채우기 식으로는 제대로 될 수 없다. 아무리 외국어가 중요하다고 해도 초등 학교 과정에서 영어 조기교육, 사교육, 과외 등의 열풍이 불고, 중학교 수준의 수학을 미리 배우고 가르치는 것이 초등학교 교육이 할 일이 아니다. 자기 나라 말도 제대로 사용하지 못하면서 외국어에 몰두한다 는 것은 언어도단이다. 초등학교 교육은 어린이들의 성장 시기상 매우 중요한 의미가 있는 교육단계이다. 초등교육이 왜 중요한 것인지에 대 해 모든 교육자는 깨닫고 각성하여야 한다. 초등교육은 지식을 주입시 키는 것이 목표가 아니라 아름답고 순수한 정서를 배양시키고 인성의 기초를 정착시키는 것이다. 지식의 주입과 기억이 아니라 체험과 느 낌, 그리고 반복된 행동으로 좋은 습관을 몸에 배도록 하여야 하며, 인 간의 본능을 순화시켜 인간 본래의 모습을 갖추도록 하는 것이다. 이 러한 교육의 내용과 방향설정은 꼭 초등학교 6년간에 한정하라는 것 은 아니며 중학교까지 유지되어 지속되어야 그 완성도가 높을 것이다.

이제 초등교육을 초등학교 교사들에게만 맡길 수 없다. 초등교육의 변혁을 위해서는 초등교육 과정의 커리큘럼을 바꿔야 한다. 새로운 커 리큘럼의 내용과 지향점은 인문교육 강화에 그 중점을 둔다. 교육 프로그램의 내용은 정체된 교과서 중심의 주입식 암기 교육에서, 활발하고 생동감 있는 교육으로 탈바꿈하고 아이들이 스스로 생각하게 하는 교육으로 만드는 것이다.

참고로 프로그램 내용을 예시해 본다.
① 학생들은 자연을 많이 접해야 한다.
② 세계명작 소설, 위인전, 동화, 동시, 신화, 시집, 우화 등을 읽게 하고 글쓰기를 많이 한다.
③ 동요, 가곡, 건전민요, 외국민요(예: 미국 포스터의 민요)를 부르게 하며 클래식과 명곡을 감상하며, 모두가 한두 가지 이상의 악기를 다루도록 한다.
④ 명화, 다큐멘터리 영화, 공상과학 영화를 감상한다.
⑤ 고대로부터 근대에 이르기까지 재미있는 역사 이야기와 사건을 일깨운다.(한국사, 세계사)
⑥ 각 분야의 유명 인사나 전문가 초청강의로 살아있는 세상교육과 지혜를 가르친다.
⑦ 체육을 강화하여 아이들의 건강과 성장을 도모하고 집단행동을 통하여 단결과 화합의 정신 및 공동체 질서를 가르친다.
⑧ 건전오락을 개발하여 보급한다.
⑨ 학교는 체육전공 교사와 음악전공 교사를 배치하고 자연학습 장소와 실습장소, 실습시설 등을 갖춘다.

이와 같은 교육은 6학년을 저학년(1학년~3학년)과 고학년(4학년~6학년)으로 구분하여 교육내용과 비중, 교육방법을 달리하여 실시한다.

저학년의 교육

저학년의 교육내용은 크게 분류하면, 교과목 교육, 정서 교육, 야외학습, 공공질서와 급식 교육 등이다. 저학년의 교육시간은 이론 교육보다 체험, 야외학습, 실습, 특별활동에 주로 배정되어야 한다. 저학년 과정에서는 원칙적으로 숙제를 폐지하고, 예외적으로 숙제를 낼 경우에는 교과서 숙제가 아니라 자유롭게 생각하고 상상할 수 있게 하는 숙제를 월 1회 정도 내는 것이 좋을 것이다.

고학년의 교육

고학년의 교육과정에는 사회봉사활동이 추가되고 공공질서와 예절 교육에 교장과 교감이 참여한다. 고학년의 국어 교육은 실생활 언어 교육에 중점을 두어 바른말 사용하기(문법적, 도덕적) 교육을 실시하고 한자공부가 추가되어야 한다.

2. 국어교육 강화

말은 하는 사람의 지식, 인격, 품성 등 그 사람의 모든 것을 나타내며, 사회의 언어사용 실태는 그 사회의 모든 모습과 상황을 나타낸다.

언어는 때와 장소, 상황에 따라 적합한 말이 있고 맞지 않은 말이 있다. 말을 바르게 하지 않는 사람은 행동도 바르지 못하고, 마음씨도 바르지 못하다. 그래서 옛말에 "말 한마디가 천 냥 빚을 갚는다."는 표현도 있다. 자기의 생각이나 사실을 말할 때는 가감 없이 정확히 표현해야 하며 감정을 표현할 때에는 상대방을 배려하여 적절하게 조절하는 것이 바른 것이다. 그러나 오늘날 우리 사회의 언어사용 실태를 보면 과장이 심하고 천박하며 포악스럽고 난잡하게 변한바, 이는 현 사회현상을 그대로 나타내는 것이다. 근본적인 해결은 사회현상이 바로 잡혀야 가능하겠지만, 그 이전에 개인적 습관, 무의식적 모방 등으로 재생산되어 비정상적인 언어문화는 전염병처럼 사회 전체에 확산되어 있다.

교육기관, 국어연구기관, 언론, 정부 등 모두가 이를 방관하고 있는 우리 언어는 갈수록 저급해지고, 국어의 위상은 땅에 떨어진 상황이다. 아무런 근거나 기준도 없이 언어법칙에도 어긋난 은어, 비속어, 사적 어휘를 마구 만들어 내는 것도 모자라 족보도 없는 비정규 외래어(이른바 콩글리시)가 우리가 사용하는 언어의 상당 부분을 점유하고 있는 실정이며 우리 국어는 설 자리가 점점 위축되어 가고, 이제는 외국어(영어)보다도 인기가 없다. 한글은 겨우 글자로서 명목을 유지하고 있을 뿐 언어로서의 기능은 크게 약화되었다. 우리 국어는 "한글"뿐 아니라 우리말의 바탕을 이루는 "한자"를 포함하는 것임에도, 교육 당국은 그동안 한자를 극구 부인하고 의식적으로 배제해왔다. 많은 어휘

자체가 한자(한문)로 만들어져 있는데(약 60%) 글자상으로만 한글로 표기한다고 그 뜻이 제대로 전달될 것인가? 이러한 주체성 없는 국어 정책 때문에 이른바 "수능" 시험에서 영어 만점자는 수두룩하게 나오는데 국어는 만점이 적은 어이없는 일이 일어나고 있다. 참으로 어처구니없는 일이기에 교육 당국은 크게 각성하여야 하며 부끄러운 줄 알아야 한다.

언어가 이상하다는 것은 사회가 이상하다는 것을 나타내는 증거이다. 우리 사회 전반에 언제부터인지 퍼져있는, 말도 안 되는 말을 몇 가지 예시로 들어 보자.

ㅁ "좋은 것 같아요"
"좋다" "좋습니다" "좋아요"라는 표현은 완전히 사라져 버렸다. "…같다." "…같아요."는 추측성 표현인데 지금 모든 세상 사람들이 자신의 주관은 없고, 이러한 추측성 감정 표현방법을 사용하고 있다. 언제부터인지도 모르게 사회 전체가 지식인이건 방송인이건, 심지어 선생이나 아나운서도 전염되어 버렸다.

ㅁ "너무너무"
"너무"는 양적 표현에서는 정도를 지나치게 초과하거나 미달할 때(너무 많다. 너무 적다. 너무 크다, 너무 작다, 너무 높다, 너무 깊다, 너무 멀다. 등), 정도를 표현할 때(너무 뜨겁다, 너무 차다, 너무 맵다, 너무 덥다, 너무 춥다, 너무 짜다, 너무 싱겁다, 너무 단단하다 등) 사용하지만 감정을 표현할 때는 부정적인 뜻을 나타낼 때 사용하고 긍정적인 표현에는 사용하지 않는다. 따라서 너무 좋다(X), 너무 예쁘다(X), 너무 맛있다(X), 너무 훌륭하다(X), 너무 잘한다(X) 등은 틀린 표현이다. 그런데 어찌하여 이것 역시 지식인이나, 교수나, 선생이나, 아나운서 등 모든 사람이 말도 안 되는 언어 구사를 할까?

　□"너무 좋은 것 같아요."
도대체 문법적으로나 논리적으로 한 부분도 맞지 않는 표현이다.

　이러한 왜곡된 이상한 언어의 사용현상은 단순히 용어사용의 잘못이나 부정확의 문제가 아니라 사회 전반에 과장과 허식의 풍조, 거짓과 허위의 문화가 스며들어 휩쓸고 있음을 뜻하는 참으로 염려스러운 병적 현상이다. 그러나 이에 대하여 진정으로 걱정하고 시정하려는 모습은 어디에서도 찾아볼 수 없다. 참으로 이상한 사회이다. 모 방송국의 한국어 경진대회나 한국어 능력 시험은 그나마 괜찮은 프로그램이지만, 그것이 학교시험이나 수능시험처럼 문어적인 측면에 치우쳐 있어 언어사용 현실과는 전혀 무관하다는 것이다. 언어는 규정보다 현실적으로 사회에서 사용하는 상황이 중요한 것이므로 잘못된 언어가 지속되어 고착되지 않도록 평소에 꾸준히 감시와 지도가 필요한 것이다. 이 문제는 모든 관계당국의 노력과 각성이 필요함과 동시에, 먼저 초등학교 국어 교육과정에서부터 철저히 바로잡아야 하며, 방송을 비롯한 언론기관의 거국적인 노력과 선도역할이 매우 중요하다는 것을 스스로 깨닫기 바란다.

사람들은 표현의 자유를 자주 부르짖는다. 개인적인 이해를 초월한 언론기관의 표현의 자유는 매우 중요한 것이지만, 시민 개개인의 표현의 자유는 자기 마음대로 부르짖을 수 있는 것이 아니다. 수백, 수천만이 서로 부딪칠 수 있기 때문이다. 사람들은 자기의 표현행위나 표현방식이 잘못이 있다고 생각하는 경우는 거의 없다. 그것은 모든 사람이 객관적으로는 천차만별의 수준 차이가 있음에도 불구하고 나름대로는 자기중심의 세계, 즉 자존심을 가지고 있기 때문이다. 그것은 일면 필요하기도 하지만 공동체 사회에서는 문제점이 되기도 한다. 따라서 언어표현은 정제되고 적절히 절제되어야 한다. 흔히 사람들은 감정을 조절하고 표현을 자제하면 그것을 "내숭"이나 "이중성격" 등으로 비판한다. 그러나 이러한 절제가 전혀 없다면 세상은 매일 언쟁과 싸움이 그치지 않을 것이다. 공동체 사회에서 자기의 감정을 여과 없이 마음대로 표출하고 남에게 어떠한 영향을 주든 말든 자기의 감정만 자유롭게 표현한다면 사회가 제대로 유지될 수 없을 것이다. 남을 배려하지 않는 나만의 표현의 자유는 이미 자유가 아니다. 감정표현이나 언어는 상황에 따라 상황에 맞게 자연스러우나 정리되어 나타내야 한다. 이것은 어떤 나쁜 목적으로 감정을 숨기는 것과는 구별되는 것이다. 표현해야 할 감정을 잘 표현하지 않는 것은 표현력이 부족하거나 내성적인 성격 때문이다. 국어 교육은, 정확한 언어구사 능력을 배양하는 것은 물론, 표현의 방법이나 기술까지 지도하여야 할 것이다.

3. 학교 체육 강화

　체육의 원래 목적은 운동선수나 전문체육인을 양성하는 것이 아니다.
　모든 국민을 건강하게 만들기 위해서는 체육의 생활화가 매우 중요
하고 체육의 기초는 공간적, 시간적, 기술적으로 성장기의 청소년이
집합적으로 생활하는 학교가 그 중심적 도구가 되는 것이 가장 이상적
이기 때문에, 학교 체육이 중요한 것이다. 체육은 선택의 문제이거나
과외적 사안이 아니고 필수 교육 과목이다. 학교 체육이 공부 잘하는
학생은 등한시하고 공부를 잘하지 못하는 학생을 중점 대상으로 하는
형식적인 요식행위가 되어서는 안 된다.

　우리나라는 체육전담 정부기관이 있으면서도 아직도 체육의 본질
에 접근하지 못하고 있다. 올림픽 메달이나 많이 따내고 올림픽 대회
나 유치하는 것을 체육의 성과로 생각해서는 안 된다. 체육은 운동선
수의 것이 아니라 국민의 것이다. 우리 국민의 수명은 많이 늘었다고
하지만 그것이 국민 모두가 건강하다는 것을 의미하지는 않는다. 우리
나라 연간 건강보험공단의 의료비지출액은 2014년도에 이미 60조 원
을 넘어섰고 재정은 적자가 계속 누적되고 있다.

　학교 체육은 청소년을 건강하게 성장시킬 뿐 아니라 장차 건강한 시
민을 만든다. 또한, 학교 체육은 청소년들이 즐겁게 뛰면서 공부하기
때문에 학과 수업을 지루하지 않게도 한다. 체육 성적이 반드시 좋아

야 하는 것이 아니며 다만 즐길 수 있으면 족하다. 그래야 체육이 생활화되고 체질화 되는 것이다. 인생에서 건강은 가장 중요한 요소이며, 건강을 유지하기 위해서는 체육의 생활화가 이루어져야 하기 때문이다. 훗날 운동을 직업으로 삼느냐 삼지 않느냐는 별개의 문제이다.

체육은 몸만 튼튼히 만드는 것이 아니다. 소극적인 성격을 개조하고 자신감을 심어주며, 팀워크를 통하여 단체나 공동체의 협동심을 키워주며 사회라는 공동체 생활의 의미가 무엇인가를 배우게 된다. 운동의 규칙을 통해서 사회질서의 필요성을 깨닫게 되고 사회체제의 속성을 이해하게 된다. 반복적인 연습과 꾸준한 훈련을 필요로 하는 운동을 통하여 청소년들은 인내심을 키우게 된다. 힘과 기술은 순수하며 운동은 깨끗하고 거짓이 없다. 따라서 힘과 기술을 겨루는 운동 경기나 체육의 선의의 경쟁은 정정당당한 페어플레이(Fair play) 정신을 함양시킨다.

오늘날 우리 사회의 여러 가지 반칙행위, 속임수, 불공정 행위는 이 fair play 정신의 실종 때문이며, 스포츠 정신으로 페어플레이 정신을 회복시켜야 한다. 모든 학생이 1인 1기 이상의 운동을 체득하도록 하여야 할 것이다.

4. 학교급식의 교육적 활용

　최근 초·중·고 학교급식이 도입된 것은 잘된 일이다.

　얼른 떠오르는 장점은, 맛과 소화력이 떨어지는 식은 밥을 먹지 않아도 되고 엄마들의 도시락 장만의 번거로움과 수고를 덜어주며 학생들의 가방에서 반찬 냄새가 나는 것도 없애준다. 더구나 급식을 무상으로 한다면 가계경제에도 상당한 도움을 주게 된다. 학교급식이 시작된 이후 세간에 논쟁이 되고 있는 것은 교육기관(교육청)과 지방자치단체 간의 예산부담 문제로서, 매우 시끄러울 지경이다. 급식비를 전면 무상으로 하느냐, 일부를 학부모가 부담하느냐, 또는 완전 유상이냐의 문제는 어느 것이 "정답이다"라고 단정할 수 없다. 왜냐하면 예산문제는 현실적 문제이기에 지방마다 형편이 다를 수 있기 때문이다. 다만, 의무교육 제도하에서 무상으로 급식하면 더 이상 좋을 수는 없을 것이다.

　우리나라는 교육비뿐 아니라 모든 면에서 아직 기본적 복지 수준을 실현하지 못하고 있는 실정에 처해있어 학교급식을 무상으로 한다고 해서 교육복지가 완성되는 것도 아니다. 학교급식에서 예산문제나 완전무상 여부가 가장 중요한 쟁점으로 거론되는 것을 보면 학교 급식의 문제를 교육비를 무상으로 하는 의무교육의 이행 차원에서만 이해하고 있기 때문인 것 같다. 그러나 학교급식의 본질적 의미는 전혀 다른 곳에 있다. 학교급식제도는 예산타령의 문제를 넘어서는 깊은 의미가 있다는 것을 교육 당국이나 교육 전문가들조차도 깨닫지 못하고 있다.

학교급식의 진정한 중요성과 필요성은 어디에 있을까?

그것은 바로 학교급식이 점심을 제공하는 작은 복지의 문제가 아니라, 성장기 학생들의 건강과 성장을 계획적으로 주도하고 건전한 식사문화를 형성하며 어린이 교육의 기본인 식문화를 통해서 기본적 습관, 태도, 가치관 등 살아있는 현장 인성교육을 실시할 수 있다는 것이다. 사람들이 식사하는 태도와 과정을 보면 그 사람의 거의 모든 것이 나타나 있다. 학생들의 식사시간을 이용하여 식사예절, 편식의 교정, 오래 씹는 습관, 식품지식, 건강교육, 단체질서 등 많은 교육을 집합교육 또는 1:1 대면교육 방법으로 할 수 있기 때문에 좋은 현장교육의 장소이며 시간이 되는 것이다. 급식을 통한 건강교육을 몇 가지 추가로 예시하면 영양의 균형섭취, 규칙적인 식사습관, 싱겁게 먹기, 식사 후 양치질하기, 올바른 양치법, 불량식품에 대한 교육, 음식물 위생, 개인위생에 관한 교육을 들 수 있다. 이와 같이 학교급식은 여러 가지 관련 교육을 체계적으로 실시할 수 있을 뿐 아니라 잘못된 가정급식 문화도 개선할 수 있는, 국민 식생활 건강 기본 모델의 교두보 역할을 할 수 있다.

따라서 학교급식은 유료냐 무료냐가 그 핵심이 아니라는 것이다. 물론 앞으로 완전 무상급식 실현을 목표로 해야 할 것이다. 예산이 부족하다는 핑계가 다른 분야를 우선시한 결과 여유예산이 있어야 학교급식을 한다는 어린이 교육의 중대성 망각에서 비롯된 것이 아니어야 한다.

또 한편 교육청은 무료급식을 실현하였다고 해서 급식과 관련된 교육청의 임무가 끝나는 것이 아니라는 것을 명심해야 한다. 학교급식은 학교체육과 함께 두 방식의 건강교육 프로젝트로서 청소년의 신체건강을 이룩하고, 나아가 건전한 정신이 함양되는 국가적 백년대계의 한 축이 되어야 한다.

5. 고등학교 학업관리 및 대학입시 제도 개선

고등학교 학업성적 관리 개선

고등학교 학업성적 관리의 문제점은 두 가지로 요약할 수 있다.

첫째는 학업성적 평가의 객관성과 신뢰성이 낮고, 학교 간 편차가 크다는 것이다. 대학 수학능력 시험이 존재하는 것도 결국 이 때문이다.

둘째는 학업성적 기준 미달자에 대한 대책이 없다는 것이다.

학업성적 평가의 엄격성과 공정성은 담당 교사의 양심에 관한 문제로서, 범죄사건에 있어 영구 미제 사건과 비슷한 성격으로 당장 해결할 묘안이 없다고 할 수 있다. 교사의 인격과 양심의 문제는 하루아침에 해결될 것을 기대할 수 없기 때문에, 국가 간 운동경기에 있어 심판을 제3국 인사에게 위탁하듯이 최소 학년당 1년에 1회 정도는 소재 학교 간 교차 평가하는 방법을 채택하여 시행하는 것이 좋을 것이다.

또 한 가지로 학업성적 미달, 또는 저조한 학생에 대하여는 현재 아무런 조치나 대책 없이 방치하고 있는데, 이는 사실 교육적 측면뿐 아니라 사회적으로도 큰 문제가 아닐 수 없다. 그들은 대학에 진학하지 못하는 것은 물론, 사회적 낙오자로 전락하여 개인적으로나 가정적으로, 나아가 사회적 불안요소로 발전하는 국가적 문제이다. 그러므로 성적 미달자에 대하여 방치하지 말고 대책을 강구하여야 하며 다음과 같은 방안을 제안한다.

□ 유급제 실시

고등학교 1학년 말에 전국 단위 학력평가를 실시하고, 그 결과 50% 미만 득점자에 대하여는 1학년 과정에 한하여 유급제를 실시한다. 학업은 기초가 중요하며, 남아있는 2년 동안에 충분히 극복할 수 있기 때문이다. 유급은 과목별로도 실시할 수 있다. 이 경우에는 해당 과목 교사가 특별지도하는 방법을 취할 수 있다. 2학년 말 전국단위 평가결과 50% 미만 득점자는 특별지도반을 편성하고, 과목별 미달 대상자는 과목별 담당교사가 특별지도를 한다.

□ 직업 교육 알선 및 추천

매년 10만 명 이상이 학업성적 미달로 진학을 하지 못하고 방황하고 있다. 그러므로 매년 실시하는 수학능력시험 결과 대학 정원을 벗어나는 하위 성적자에 대하여는 담임교사가 해당 학생과 학부모를 상대로 진로상담을 실시하되, 재수하여 무리하게 대학진학을 재도전하는 것을 지양하도록 설득하고, 폴리텍대학 등 직업학교에 입학하거나 중소기업이나 3D업종에 취업하도록 알선, 또는 추천한다.

대학 수학능력시험의 자격 고시화

현재 실시하고 있는 "수능시험"을 완전히 자격고사로 전환한다. 지나친 학과 점수 위주와 암기식 객관식 문제, 찍기를 위한 암기식 고등학교 교육을 탈피하기 위해서는 객관식 시험인 수능시험을 일정 수준 이상만을 요구하는 자격고사로 전환하고, 사고력과 창의력을 요구하는 대학교육의 수준에 맞도록 대학의 학생선발을 각 대학의 자율적 결정에 맡겨야 한다. 다만, 현재의 "수능시험"은 객관성과 통일성을 지니고 있기 때문에 최소한의 학업능력 차별성을 알 수 있도록 A, B, C, D로 나눈 4단계 정도로 등급을 매기도록 한다. 등급별 구분은 과목별, 총점별로 하여 각 대학의 입학 사정에 최소한의 참고사항이 되도록 한다. 수능시험의 합격 기준은 총점기준 평균 60점 이상으로 하되, 그 인원수가 대학 총 정원을 초과할 경우 과락 과목이 있는 학생을 제외시키고, 평균 60점 이상자가 총 정원에 미달할 경우에는 과목별 고득점자를 미달 인원만큼 선발하고 그 사유를 표시한다. 대학별 본고사 실시 여부와 과목선정은 대학이 스스로 결정하되 고사방법은 주관식으로 하도록 한다.

경제 개혁

경제 개혁의 핵심방향은 서민층에 대한 기본복지를 세우고 신자유주의 경제의 결과물인 자본력에 의한 소득과 부의 소수 집중 폐단을 완화하는 것을 동시에 실현하는 데에 그 초점을 맞추는 것이다.

1. 지하경제의 양성화

지하경제는 조세정의와 사회정의에 정면으로 배치되는 것으로, 법질서를 무너뜨리고 사회통합을 깨뜨리며 빈부 격차를 심화시키고 국가재정을 약화시키는 악마와 같은 공공의 적이며, 지하경제 행위의 주체는 그야말로 대역죄인이다. 한국의 지하경제 규모는 GDP의 25%인 350조 정도로 추산되고 있다. 이는 경제 선진국의 2배에 달하는 비율이다. 정부가 진정 힘이 있고 정의로운 정부라면 지하경제가 이렇게 커질 수 없다. 이는 기업과 자영업자, 자유직업자, 고소득자의 수입은폐와 누락, 비용이나 지출 조작에 의한 소득의 축소 행위, 불법소득, 불로소득 등으로 요약된다.

각종 형태의 금전 대부업이나 속칭 사채업자, 여러 분야의 브로커나 농·축·수산물의 중간 유통업자, 조직폭력배의 수입, 연간 100조에 가까운 도박자금(2011년 기준 94조 원) 중 80%에 이르는 불법도박자금(2011년 기준 75조 원), 해외 재산 도피 등은 거의 노출되지 않으며, 개인 병원의 비급여 의료행위 수입은 거의 은폐되거나 크게 조작되고, 각종 사업자의 현찰로 결제되는 모든 수입은 거의 세무당국에 신고하지 않고 있다. 이와 같이 몰래 감추고 숨기는 우리 사회 사람들의 행태와 관련되는 사례를 하나 소개하자면, 2014년도에 한국은행은 약 70조 원에 달하는 화폐를 발행하였는데 이 중 70%인 50조 원을 5만 원권(10억 장)으로 발행하였다. 화폐는 돌고 돌아 1년 이내에 대부분 한국은행으로 다시 되돌아오는 것인데, 5만 원권은 30%만 되돌아오고 나머지 70%는 어디론지 숨어 버렸다는 것이다. 무슨 이유일까?

인간의 욕심은 양심을 팔고 거짓을 낳는다. 앞에서와 같은 조세포탈, 조세회피 행위는 헌법에 규정된 국민의 납세의무를 저버린 것이며 조세 법률을 위반한 것으로 중범죄 행위이다. 가난한 사람의 세금 탈루도 범죄행위인데, 부유층이나, 대기업이 이러한 행위를 하는 것은 국민과 국가에 대한 반역행위이다. 지하경제로 인해 누락된 세금을 지하경제 총량을 가지고 계산해 내기는 아주 어렵다. 부유층과 대기업의 탈루액이 더 많다고 볼 때, 중간단계의 누진세율을 부분적으로 적용한다고 가정하면, 지하경제의 경제기여 효과를 일부 고려한다고 해도 지하경제 규모 350조 원의 15%~20% 정도만 추정해도 50~70조에 해당한다.

지하경제 인식에 있어서 한 가지 참고할 것은, 영세 기업이나 영세 자영업자, 일부 서민의 자유직업 소득의 경우, 은폐율은 높을지 몰라도 절대금액은 크지 않다는 것이다. 그렇다 해도 국민 개세 원칙상 법적으로는 범죄행위임이 틀림없다. 그러나 정치적 측면에서 고려할 때, 그들은 항상 생계가 불안한 상태이며 만약 사업 부진으로 폐업하거나 도산할 경우에는 국가의 보호나 구제대상이 되기 때문에 거시적으로는 그들을 중죄인으로 취급하기는 어렵다는 것이다. 따라서 그들에 대한 지하경제 척결이나 양성화 대책은 처벌 위주보다 계도와 설득으로 자발적 납세의식을 키우는 것이 좋을 것이다.

지하경제의 척결은 당연한 법치 행위이지만, 복지사회 실현을 과제로 안고 있는 우리나라의 입장에서는 재정확보가 시급하고 중요한 과제인 만큼, 특단의 의지와 강력한 추진력으로 철저하고 꾸준하게 척결작업을 진행해 나가야 할 것이다. 지하경제의 척결과 양성화는 최고 권력자의 의지에 달려있다. 과거 정권들처럼 주저하거나 포기하지 말고 모든 것을 걸고 실행해야 하며, 지금이 그 시기이다. 의지만 있다면, 그리고 용기와 힘만 있다면 얼마든지 해낼 수 있다. 이러한 일을 눈앞에 놓고 볼 때, 지도자는 아무나 해서는 안 된다는 것을 느끼게 될 것이다. 쉬운 일은 누구나 할 수 있으며, 진정한 지도자의 능력은 어렵고 힘든 큰일을 잘 처리해낼 수 있느냐의 여부에 달려있기 때문이다.

지하경제 척결과 양성화는 장기적 정책이기 때문에 단기적으로 완료하려 하거나 지엽적이고 부분적으로 찔끔찔끔 해서는 아무 효과가 없다. 마치 금연하려는 사람이 담배 피우는 양을 조금씩 줄여서 성공하겠다는 것과 같은 성격의 것이기 때문이다. 따라서 사전에 충분하고 치밀한 계획을 수립하여 용두사미 행정이 되지 않도록 주의해야 하며, 굳이 요란하게 진행할 필요는 없고, 조용하되 강력하고 끈기 있게 변함없이 지속적으로 추진하는 것이 관건이고 비결이다. 최소 1년 이상의 준비 기간을 가지고 기본 방향, 대상에 대한 정보와 자료수집, 조직 구성 등이 공개되지 않도록 비밀리에 수행해야 할 것이다.

정책의 공개는 준비작업이 끝난 후 추진 단계에서 이루어져야 한다. 추진 과정에서는 자진신고제도 같은 방법을 먼저 시행해서는 안 되며 단속, 적발, 처벌을 강력히 시행한 후 양성화를 위한 출구를 마련하는 순서를 지켜야 한다. 양성화를 동시에 추진하는 단계에서는 사회기부운동(기부문화 확산운동)과도 연계하는 강·온 양면 정책을 추진하는 것도 연구해야 할 것이다. 이와 같이 초기 2~3년을 잘 진행하면 상당 수준의 성과와 함께 복지정책에 투입할 세수 증대가 만족에 가까울 정도로 나타날 것이다.

□ 추진기구 설립

지하경제의 추적, 발굴, 색출은 기술적으로도 매우 어려울 뿐 아니라 적지 않은 저항과 외압이 작용할 것이며 단기적으로는 어느 정도의 혼란이 야기되는 등, 부작용도 있을 수 있기 때문에 과거 정부가 감히 수술할 시도를 하지 못한 고질병 같은 것이다. 따라서 기존 정부기관의 일부 조직으로만 추진하는 것은 역부족이며 용두사미로 끝날 가능성이 크다. 그러므로 사법권을 부여한 막강한 권한과 외세를 차단할 높은 지위를 가진 독립적 기구가 필요하다. 이를 위해서는 먼저 조직 구성에 대한 입법 조치가 필요하며, 비밀보안과 외세차단을 위해서는 대통령 직속의 T.F 팀 구성, 또는 영구적 조직 구성이 필요하다. T.F 팀은 대통령이 직접 지휘해야 성공할 수 있다.

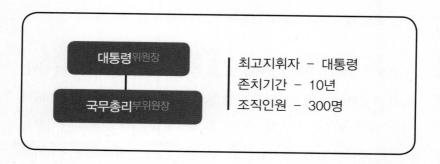

대통령위원장

국무총리부위원장

최고지휘자 - 대통령
존치기간 - 10년
조직인원 - 300명

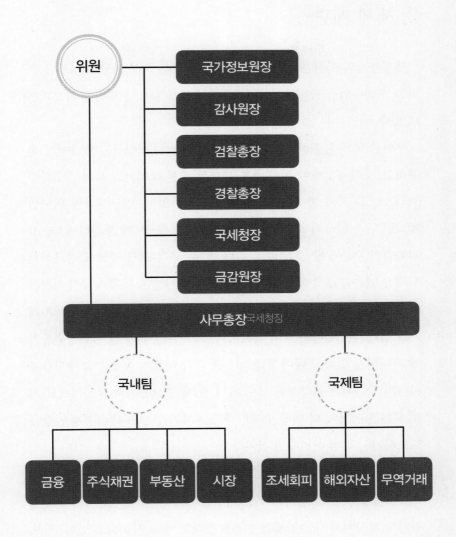

2. 세제 개편

세제개편의 목적은 응능부담의 원칙에 따른 조세 부담의 형평을 기하고 조세수입을 증대하여 복지 사회 건설에 필요한 재원을 확보하는데 있다.

부와 소득의 편중현상이 심화된 지금, GDP는 상승하고 있음에도 불구하고, 소득재분배에 의한 소득 불평등 개선 효과는 오히려 감소하여 34개 OECD 국가 중 최하위 수준에 머물러 있다. 연구결과에 의하면 2012년 기준 한국의 소득 불평등 개선 효과는 2~3%에 불과하여 OECD 최하위의 수준밖에 안 된다고 한다. 이는 우리 조세 제도에 근본적인 문제가 있음을 실증하는 것이다. 부의 집중현상은 세계적 추세이기는 하지만, 한국의 경우는 세계 13위의 경제 규모 순위와도 동떨어지게 가장 심화되어 있다는 것이 문제이다. 그동안 정부가 선거나 정권유지에 지나치게 집착한 나머지 소득수준 중위 이상의 상부층 조세저항을 지나치게 의식한 허약성을 보여 왔다. 이제 중산층마저 실질적으로 거의 무너진 마당에 더 이상 주저하다가는 사회 안정과 내수경제 안정을 도모하기는 점점 어려워질 것이다.

경제를 공부했고, 안다고 하는 사람들이 부동산 정책을 가지고 건설 경기를 부양시켜 내수경제를 살려보겠다고 계속 시도하고 있다. 참으로 유치한 수준이 아닐 수 없다. 아마 70~80년대의 건설경기 호황시대에 대한 향수와 추억에서 발동된 듯하다. 물론 건설 산업이 아무것도 아닌 것은 아니다. 건설 산업이 경제에 기여하는 비중이 약 20%에 달한다는 연구결과가 있다. 그러나 상황은 항상 변하고 사회현상의 방정식은 항상 맞는 것이 아니다. 아파트를 많이 짓는다고 건설 경기가 살아날까? 집이 없는 서민이 태반이고 전셋값이 이렇게 높은데 집이 잘 팔릴까? 현재 은행 이자율이 낮다 하여 돈 없는 서민에게 계속 대출을 늘려 집을 사게 하는 것이 옳은 방법인가? 그들은 이미 대출을 받을 만큼 받은 상태이다.

주택에 대한 수요가 있는 것이 사실이지만, 그 수요자는 지금 구매력이 전혀 없다. 주택문제는 공공임대 주택이 유일한 해결책이다. 서민층이 살아나지 않는 한 내수시장은 살아나지 않는다. 이는 이미 앞에서도 강조한 바 있다. "2080" "8020"에서 "80"이 살아나야 한다.

지금의 위정자들은 지금이 불경기이기 때문에 증세를 하면 경제 회복이 역효과를 가져온다고 생각하는 것 같다. 주머닛돈을 자꾸 빼앗아 가면 그들이 쓸 돈이 줄어든다는 생각을 하는 것이다.

증세를 잘못 하면 나쁜 것은 사실이다. 그러나 그것은 현재의 과세 상황이나 방법이 과세의 형평성, 공정성, 국민 개세원칙, 응능부담의 원칙, 세입 충족성, 조세 부담 능력 등 모든 면에서 최적점에 도달해 있다고 전제된 때만 해당하는 것이다. 그러나 우리나라 과세 현황은 이 중 어느 것도 적정성을 달성하지 못했다. 여기에 세제개편의 필요성과 동시에 증세의 타당성이 근거하는 것이다.

세율조정

부와 소득이 부유층과 대기업에 집중되고 있어도 투자는 늘어나지 않고 일자리는 창출되지 않고 있다. 기업이 여유자금이 생기면 투자로 이어진다는 교과서적 인식과 해외자본 유치라는 명분으로 법인세율을 인하해 주었지만, 사내 유보자금만 쌓여서 사장되고 있다. 기업이 지금처럼 유보자금이 풍부해 본 적이 없다. 소득세율을 인하하여 부유층의 가처분 소득은 산더미처럼 증가하였지만, 사회 환원은 찾아보기도 어렵고 그 소득이 국내 소비지출에 사용되지도 않고 모두 지하로 숨어 버렸다.

원래 부유층은 놀부의 심보를 지니고 있기 때문에 사회를 고려하면서 행동하지 않으며, 자기 마음대로 살아가는 비애국자들이다. 결론적으로, 대기업이나 부유층은 국가가 원할 때 투자하는 것이 아니라 그들이 필요할 때 그들의 이해타산에 따라 투자하거나 자금을 푸는 것이다. 소비 역시 마찬가지다. 내수시장은 부유층에 의해 유지되는 것이 아니라 수많은 개미들에 의해 움직이는 것이다.

서민층은 가처분 소득의 전부를 소비로 지출하지만, 부유층은 생산이나 고용과 관계없는 안전자산(부동산, 주식, 채권, 귀금속 등)에 투자하거나 은닉한다. 그들은 이렇게 자금을 정체시키거나 사장시켜 경제의 순환원리를 위배하고 있는 것이다. 대기업 역시, 유동성 문제는 옛날이야기가 되었고 지금은 잉여자금의 활용문제가 큰 과제로 대두

되고 있다. 따라서 지금의 법인세, 소득세, 세율구조는 현재의 경제적 사회적 상황에 배치된다. 직접세의 최고 단계 세율을 인상하여 소득재분배 효과를 높여야 한다.

□ 법인세율 조정

현행 최고세율 28% 위에 35%를 신설하고 최저세율 적용 범위를 확대하여 중소기업에 도움을 주어야 한다.

□ 소득세율 조정

연간 3억원 이상의 소득에 대하여는 45% 세율을 적용한다.

□ 소득세 비과세 대상 축소

국가 조세제도에 치외법권적 영역이 존재해서는 안 된다. 그 대표적인 예가 종교분야이다. 종교분야는 오래전부터 국가의 통치영역을 벗어나 있는데, 납세의무와 일부 종교의 병역의무 불이행이다. 우리나라는 종교의 천국이다. 종교가 정치와 구별되는 것은 좋은 것이고, 당연한 일이지만, 국가의 통치 영역을 벗어나거나 통치기능에 맞서는 것은 있을 수 없다. 종교인은 교인이기 전에 국민으로서 국가의 구성원이다. 따라서 국민으로서의 책임과 의무를 충실히 이행하여야 한다. 우리 종교가 정신적인 지주로서 기능을 못 하고 있다는 것은 주지의 사실일 뿐 아니라, 현재의 한국 종교의 실상과 행태를 보면 종교가 생계대책을 위한 수단으로 전락했다는 것을 종교계 스스로도 강력히 부인하지는 못할 것이다. 종교인은 비종교인보다 더 애국심과 충성심을 갖춰야 할 것이다. 조세당국과 정부는 종교계를 두려워하거나 멀리하지 말고 가까이 끌어들여 똑같은 하나의 국민으로 통합시켜야 한다.

□ 간접세 보완, 강화

직접세의 소득재분배나 소득불평등 개선은 어려운 상황에 처해있다. 정부는 국민의 납세의식 전환 및 제고에 실패하였고, 지하경제는 비대해지고 있다. 그러나 여전히 정부의 노력은 부족하며, 국민의 애국심이나 상생정신 저조 등으로 인해 정책은 효과를 기대하기 어렵다. 이러한 문제점 해결뿐 아니라 부족한 조세수입을 증대하기 위해서도 간접세 부문을 보완하고 강화할 필요가 있다.

이것은 단순히 간접세가 조세저항이 없이 즉시 원천적으로 완납되며 징세가 간편하다는 이유 때문이 아니라, 경제적 능력이 있는 고소득자, 부유층, 엘리트 등이 높은 차원의 소비와 여가활동을 통해서라도 응능부담케 하고 빈부를 불문한 모든 국민이 금액의 다과(多寡)를 떠나 납세하는, 국민 개세 정신을 함양하기 위하여 될 수 있는 한 면세대상을 축소하고 무임승차 없는 공정사회를 지향하자는 취지도 겸하고 있다.

① 부가가치세

현재의 부가가치세는 면세대상이 너무 많다.

이는 조세당국이 "부가가치"라는 개념에 너무 얽매인 인식에 집착해 있기 때문으로 보인다. 부가가치세는 매입세액 공제 제도를 유지하는 것으로 이미 그 개념을 충분히 지니고 있으므로 인적용역 분야와 농축산 분야의 면세나 비과세가 경제적 여유층이나 중간 브로커에게 혜택을 주고 있을 뿐임을 알고 과세방안을 적극 연구 검토할 것을 요구한다.

② 소비세

소비세는 과거에 비하여 많이 축소되었다.

그것은 논리의 문제도 일부 있지만, 그보다는 관련 업체나 해당 업종의 지속적인 로비활동에 의한 결과라고 볼 수 있다. 유류세나 담뱃세 같은 것은 가난한 서민층도 똑같이 부담하고 있다. 그러나 부유계층이 주로 구매하는 고가 물품이나 그들이 주로 이용하는 시설이나 장소, 그리고 행위에 대하여 많은 부분이 과세 없이 방치되고 있다. 소비세가 부과된다 하여 거래가 급격히 감소하지는 않는다는 것은, 담뱃값 인상 후 초기 단계에서도 예상과는 달리 소비가 크게 감소하지 않고 곧 회복된 것만 보아도 알 수 있다. 소비세의 선택적 신설이 시급히 필요하다.

□ 증권거래세 세율인상

증권거래소에서 거래되는 주식거래 대금은 1일 3~4조 원으로 계산해도 연간 1,000조 원을 넘어선다. 현재 주식 매도에 대한 세율은 코스피 0.15%, 코스닥 0.3%, 비상장 주식 0.5%로 되어있다. 증권시장이 기업의 자금조달 시장이기도 하지만, 대기업이나 부유층, 외국자본의 투기시장이며, 많은 중산층, 일부 서민, 소위 개미들의 자산탕진·가계폐망의 무덤이기도 하다.

경제=기업이라는 등식만을 알고 있는 기업 최우선주의를 신봉하는 위정자나 경제 담당자들은 주식시장 얘기만 꺼내도 큰일 나는 것처럼 깜짝 놀란다. 그들은 걸핏하면 규제 완화만 부르짖는다. 오늘날 우리 경제가 규제 때문에 어려워졌다는 것인가? 규제만 풀면 다 해결될까? 어린아이들에게 한 가지를 들어주면 계속 요구하듯이, 기업도 모든 것을 100% 다 풀어줘도 더 풀어줄 것을 요구하는 속성을 가지고 있다. 법령이나 규칙은 왜 있는가? 이것도 모두를 규제하는 것이 아닌가? 경제는 기업이 혼자 하는 것이 아니다. 국민과 함께하는 것이다. 국민이 소비자로서, 노동자로서 기업과 함께 경제를 이끌어 가는 것이다.

거래세율을 인상 조정한다고 증시가 위축되지 않는다. 오직 기업이나 투기자들의 반발이 있을 뿐이다. 거래 세율을 코스피 0.5%, 코스닥 0.7%, 비상장 1.0%로 인상하여 세입에 도움을 줌과 동시에 소액 투자자들의 속칭 단타매매도 시정하는 효과도 기대하여야 한다.

3. 청년층 실업자 대책

만 29세 이하 청년층 실업률은 정부 발표상 2014년 기준, 12%에 이른다. 대부분 군 복무를 마친 만 25세 이상에 집중되어 있다. 만 24세 이하는 주로 전문대학 졸업자나 대학진학 포기자들로 청년층의 30~40%를 점유하는 것으로 추산된다. 한 가지 아이러니한 것은 인구는 늘지 않고 젊은 층은 감소하고 있으며, 반대로 경제 규모는 성장하고 있는데 일자리는 없다. 정부 통계로는 실업자가 별로 늘지 않고 있으나, 실질적 실업자 수는 많이 늘고 있는 것이다.

중소기업은 부족한 노동력이 지금도 30~40만에 이르지만, 국내 지원자는 없어 외국인 노동자를 채용할 수밖에 없다는 것이다. 국내 외국인 노동자는 약 80만 명에 달한다. 일자리가 늘지 않는 것은 세계적인 추세로, 기술의 발달, 자동화, 로봇화가 진행되고 앞으로 더욱 심화되어, 오히려 감소할 것으로 전망하고 있다. 55세 이상 고령자를 제외한 실질 실업자는 약 600만 명으로 추정되고 있다. 이 중 만 15세 이상 29세 이하의 청소년 실업자는 2014년 기준 9.5%라는 통계발표와는 달리, 실질 실업자 수가 약 300만 명에 달한다고 한다. 이 가운데는 시간제 근무자, 일용직 150만 이상(정부발표 93만), 구직 포기자 100여 만(정부발표72만명)이 포함된 것이다. 이렇게 통계발표와 실질적 현상은 괴리가 크다.

이들의 실업이 중요한 이유는, 이들이 사회에 첫발을 내딛는 시기에 청운의 꿈이 꺾여 방황할 수 있으며, 또 이 연령대가 인생의 홀로서기를 준비하는 기간이기 때문이다. 이들 실업자 중에는 1차 취업 경험이 있는 사람도 있고 각종 고시준비, 취업준비 등으로 구직신청 자체를 아예 안 하는 사람이 수십만 명에 이른다. 이들 전문대 이상의 고학력자들은 입사에 실패하고 속칭 "스펙 쌓기"에 몰두하고 있다. 그러므로 이들에 대하여는 직무능력을 배양시키고 눈높이를 조절하도록 지도하여 국가가 직접 취업을 알선하는 적극적 대응을 해야 한다. 대학 교육도 앞으로는 순수한 학문을 연구하는 방향과 유능한 직업인을 만드는 방향을 구분하는 독일식 교육제도를 도입해야 할 것이다.

직업 기술 대학 확대, 증설

현재 폴리텍 Ⅲ 대학으로 명명되고 있는 직업기술 대학을 연차적 계획에 의거, 대폭 확대·증설하여 최종적으로 기초 자치단체 단위당 1개(인구 5만~10만 명당 1개)가 되도록 한다. 직종은 50개 정도로 확대하여 공업 중심에서 농업, 수산업, 축산업, 유통, 서비스까지 포괄한다. 교육 기간은 최소 1년으로 하고, 교육시간은 1일 최소 3~4시간 이상으로 하며 실기, 실습, 견학, 체험, 현장 답사 교육을 실시한다. 통학을 위주로 하되 일부 기숙사를 운영한다.

- 교육목표 인원 - 연간 30만 명
- 교육시설 완료 목표 - 5년

● 사업비 조달
- 대기업, 부유층의 참여 : 60%
- 정부투자 : 40%

● 시설의 이용확대
청소년을 주 대상으로 하나, 시설의 수용능력에 여유가 생길 경우
모든 연령층의 평생교육 현장으로 활용한다.

3D 업종 취업 알선 및 지원

우리나라 청소년들이 기피하여 외국인 근로자가 차지한 3D업종 일
자리만 약 50만 개에 달한다고 한다. 우리 젊은이들이 발상을 전환한
다면 적어도 50만 개의 일자리는 이곳에서 해결할 수 있다. 이 문제를
풀기 위해서는 먼저 정부의 유인책과 지원이 필요하다.

● 경력에 대한 특전 부여
3년 이상 근무한 경우, 본인이 희망할 경우 다른 중소기업이나 대기
업에 고용노동부가 직접 추천한다.

● 숙식비 지원
근무 기간 숙식비(월 50만 원)를 정부가 근로자에 지급한다.

4. 노인층 일자리 대책

현시대에서 가장 중요하고 심각한 사회적 문제는 부와 소득의 양극화 현상이다. 부와 소득의 편재는 사회적 불안정과 빈곤을 확대, 심화시킨다. 빈곤의 원인과 해결을 탐구하는 과정에는 필연적으로 다음과 같은 두 가지 요소의 인과 관계를 찾아내게 된다.

빈곤은 실업과 연계되어 있고 실업은 일자리 문제와 직결된다. 물론 실업의 원인은 몇 가지로 나눌 수 있다. 원천적으로 근로능력이 없거나(장애인, 노약자, 병약자) 제도적으로 근로기회를 박탈당한 경우 (노인층)와 근로능력이 있으나 일자리가 없는 경우이다.

일자리 문제의 양대 축은 청년층과 노인층이다. 노인층의 30% 정도는 근로능력과 근로의욕이 있다. "연령차별 금지 및 고령자 고용촉진에 관한 법"이 제정되어 있음에도 불구하고 지금도 사회 전반에 65세 이상 노인을 채용하지 않는 관행과 편견이 굳게 존재하고 있다. 정부역시 노동력(생산가능 인구) 산정 시 만 55세 이상을 제외하는 등 연령차별에 대한 고정관념을 버리지 못하고 있으나, 빈곤층의 반을 차지하며 생계대책(노후대책)이 없는 노인 문제를 해결하기 위해서도 실질적으로 근로능력이 있는 노인들을 연령만으로 획일적으로 배제하지 말고 개별적으로 평가하여 사회 각 부문에 취업하도록 정부가 앞장서서 적극 추진하여야 한다.

2014년 기준 만 65세 이상 노인은 638만 명이라고 정부가 발표하였다.

이 숫자는 점점 늘어날 것은 주지의 사실이지만 노인층 65%는 노후 준비가 전혀 되어있지 않다는 것이 큰 문제다. 정부가 이들에게 기초연금(월 최고 20만 원, 평균 15만 원 선)을 지급하고 있지만, 보건복지부가 발표한 2014년 기준 1인당 최저 생계비 월 60만 원에도 턱없이 모자라는 형식적 수준에 불과하다. 만약 빈곤한 400만 노인에게 월 50만 원을 지원한다면 연간 24조 원이 소요된다. 또, 노인층에 대한 건강보험공단의 의료비 지급액은 2014년 기준 연간 36조 원을 초과하였고, 이는 전체 의료비 지출액의 60%에 해당하고 있다.

현금의 이러한 문제들은 진즉 수십 년 앞을 내다보고, 연구하고 대비하지 못한 위정자들의 무능과 근시안이 초래한 것임에도, 정부는 복지사회 건설 진입단계에 불과한 시작단계에서 재정 부족 등의 이유로 복지 축소론을 말하는가 하면, 대통령 선거 시 국민에게 약속한 공약마저 축소하거나 파기하는 실정이다. 이러한 국가의 재정 부족 문제를 해결하기 위해서라도, 노인층 일자리를 적극적으로 늘려야 한다.

우리 사회 실업과 일자리 문제의 두 축은 청년층과 노년층이다. 흔히 정치권이나 사회 일각에서는 청년실업을 최대 사회 문제로 이슈화하고 있는데, 양자를 서로 대비하여 경중을 따지는 것은 옳지 않다. 옛말에 "젊어서 고생은 사서라도 한다."는 말이 있다. 이 속담의 깊은 뜻은, 인생에 있어서 삶의 중도에 수많은 고난을 겪더라도 마지막 말년에 행복하다면 과거의 고통은 잊을 수 있지만, 젊은 시절 아무리 잘 살았다 해도 노년에 고생스러우면 인생이 통째로 불행하다는 것이다. 최후에 승리하는 자가 진정한 승리자인 것처럼, 인생의 최후 순간이 행복해야 그 인생이 행복함을 의미한다. 따라서 복지의 초점은 노년층을 행복하게 하는 것이다. 노후의 생계 안정이 보장된다면 모든 국민은 최후의 희망을 가지고 열심히 노력하며 살아갈 것이다.

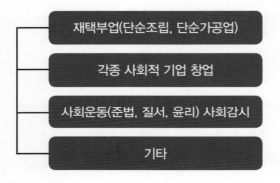

재택부업(단순조립, 단순가공업)

각종 사회적 기업 창업

사회운동(준법, 질서, 윤리) 사회감시

기타

노인에 대한 사회적 편견과 차별적 관행은 정부가 행정지도, 징벌(과태료 등) 등으로 적극 조치하여야 한다. 노인 일자리 만들기는 정부의 노력만으로는 한계가 생기므로 기업(대기업)과 사회(부유층)의 협조와 동참이 있어야 성공할 수 있을 것이다.

대기업의 사회적 기업 설립 유도

대기업으로 하여금 사회참여를 유도하거나 의무화하여 사회봉사 기회를 주고 잉여자금의 활용을 통한 사회 환원을 유도하여 재화의 편중과 적체를 완화해야 한다. 또한, 소득 재분배 효과를 높이기 위하여 일자리 창출을 목적으로 하는 사회적 기업 설립을 권유하고, 재벌 기업에게는 의무를 부여한다. 사회의 주요 구성 주체가 상생하고 공생하지 않으면 신자유주의 경제체제하의 자본주의가 일으킨 폐단을 치유할 뾰족한 대안이 별로 없다. 대기업의 사회적 기업 설립 프로젝트는, 먼저 사회적 공감과 대기업의 자발적 참여가 중요하다. 그러나 기업의 자발적 참여에만 의존해서는 안 될 것이며, 결국 정부가 주도적으로 이끌어 법제화할 필요가 있다. (예: 기업이익 사회환원법)

좀 더 구체적으로 예시하면, 우선 대상은 10대 기업으로 하고 100대 기업을 규모별로 3구분 하여 책임과 의무에 차등을 둔다.

구분	실행사업	내용
10대 그룹	사회적기업 설립 폴리텍 대학Ⅲ 설립	시, 도별 1개 이상 - 회사당 고용인원 1,000명 이상 전국에 캠퍼스 10개
11위 ~ 30위 그룹	사회적기업 설립	3개 이상 - 회사별 500명 이상
31 ~100위 그룹	사회적기업 설립	1개 이상 - 회사별 300명 이상

부유층의 사회적 기업 설립

부유층의 개념은 상대적인 평가이므로 분명한 기준선은 없지만, 부와 소득의 규모, 전체인구에서 차지하는 비율을 함께 고려하여 일반 국민 대다수가 생각하는 상식 수준에서 결정하는 것이 무난할 것이다. 일반적으로 인구의 10% 정도를 부유층으로 분류하지만, 이 논제에서는 경제적 출연능력이 있는 부유층을 대상으로 연구하는 것이므로 그 폭이 훨씬 좁아진다. 먼저, 적정 범위를 연상하는 데 참고가 되도록 몇 가지 통계를 인용해 본다.

2014년 기준 금융자산 10억 원 이상자의 수가 15만 6천 명으로 총 461조 원에 달하며(평균 30억), 2014년 현재 연봉 1억 이상 근로 소득자는 47만 명에 달한다고 한다. 또, 부유층의 자산 구성은 금융자산과 부동산이 55:45의 비율로서 이것이 거의 전부를 차지한다고 한다. 소득구성은 자산 소득 40%, 사업 소득 30%, 근로 소득 25% 정도이다. 필자는 본 프로젝트 참여 부유층의 범위를 인구의 0.1% 정도로 보고, 연소득 6억 이상, 금융자산 100억 이상, 총자산 200억 이상 등을 조합하여 선정하면 최소 1만, 최대 5만 명이 될 것으로 추산한다.

이들에 대하여도 3~4등급으로 구분하여 최상급은 사회적 기업 설립과 폴리텍 Ⅲ 대학 설립책임을 부담시킨다. 최하위 그룹은 사회적 기업 1개 (종업원 100명 정도) 설립 의무를 부여한다. 급여 수준은 최하 40만 원~최고 70만 원 정도로 한다.

5. 중소기업 지원과 유망 중소기업 집중 육성

대기업이 기업소득의 90% 이상을 차지하고 있지만 1,800만 명이 넘는 근로자의 약 90%는 중소기업이 고용하고 있다. 산업구조는 점점 기술 집약화되어 앞으로 일자리는 경기의 호황이나 불황에 상관없이 늘어날 수 없다는 전망이 대세이다. 이러한 현상은 자금력이 있으면서도 글로벌 경쟁에서 이기기 위해 기술 집약적 경영을 해야 하는 대기업을 중심으로 일어날 것이다. 따라서 앞으로는 대기업이 일자리를 늘린다는 생각이나 기대는 버려야 할 것이다. 제조업에서도 대기업은 근로자 수의 16%를 차지하고 있을 뿐이다.

우리가 대기업에 기대할 수 있는 것은 그들이 벌어들인 이익을 사회에 환원하도록 하는 것뿐이다. 대기업은 스스로 굴러갈 수 있는 자생력·자전력을 가지고 있다. 그러므로 이제 필요한 것은 중소기업을 살리는 것이다. 중소기업이 산업구조의 기반을 이루는 공업선진국은 몇십 년 이상의 오랜 기간에 걸쳐 이룩한 결과로서, 대기업 중심의 한국 산업구조를 단기간에 개조하는 것은 거의 불가능한 일이다. 그것은 재정적으로도 역불급이다. 그러나 시간이 걸리더라도 이제부터 방향은 바로잡아야 한다. 우선 중소기업 전반을 위해서는 대기업과 중소기업 간의 수직적 불평등 관계를 수평적 동반자 관계로 전환하는 것이다. 이것은 대기업 스스로에게 기대할 수 없는 것으로, 정부가 적극적으로 지도해야 할 것이다.

그다음에는 선택과 집중 방식으로 유망 중소기업을 집중적으로 육성하는 정책이 필요하다. 한국이 기술적으로 뒤져있거나 자립이 필요한 분야나 미래 유망 분야를 선정하여 관련 중소기업을 적극 지원하거나 신설하는 것이다.

\- 예시

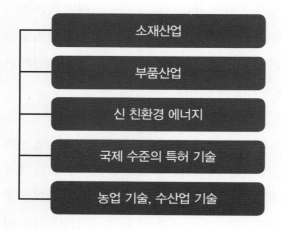

- 소재산업
- 부품산업
- 신 친환경 에너지
- 국제 수준의 특허 기술
- 농업 기술, 수산업 기술

지원 기간은 최소 10년 이상으로 하되, 기업이 성과를 달성하거나 자립능력을 갖출 때까지로 한다.

6. 서민 임대주택 정책 재설계

　서민에 대한 주택정책은 큰 틀로 볼 때는 복지정책의 성격을 지니고 있다. 서민층에게 있어서 주거문제는 의식주 문제의 핵심이기 때문이다. 옛말에 "집 없는 설움이 가장 크다."는 말이나 "음식은 거지처럼 먹어도 잠은 정승처럼 자야 한다."는 표현이 있는 것은 음식은 배만 고프지 않으면 일단은 해결되지만, 잠자리는 추위와 비바람, 더위 등을 피할 수 있어야 하며 잠자리가 불편하면 피로를 회복하거나 병마를 이겨낼 수 없기 때문이다.

　서민주택 공급은 무상 지원이 아니다. 그럼에도 서민과 빈곤층의 주거문제가 해결되어야 내수경제가 살아나는 시발점이 될 뿐만 아니라, 이 거대한 사업을 완성하는 데에는 장기적 기간에 걸쳐 수백조 원의 재원이 소요되는, 건설과 유통을 아우르는 국가적 프로젝트이므로 본장에서 경제정책으로 편재한 것이다.

　먼저, 우리나라 주택현황을 개관해 보면, 2014년 기준 총 주택 수는 약 1,600만 채이고 아파트가 60% 이상으로 9백여 만 채, 단독주택이 약 25%인 4백만 채, 기타 다세대 주택 등이 약 3백만 채로 구성되어 있다. 그러나 자가에서 사는 사람은 54%에 불과하고 나머지는 타가에서 살거나 주택이 아닌 곳에서 일부 거주하고 있다. 우리나라 가구 수는 1,800만이 넘고 이 중 1인 가구가 450만, 2인 가구 450만으로 이들이 절반을 차지하고 있다.

우리나라 주택 보급률은 100%를 넘어선 지 오래다. 1인 가구를 제외한 계산일 것이다. 1인 가구 중에는 130만 명의 독거노인이 있고, 약백만 명의 미혼자가 포함되어 있다. 1인 가구는 20~30대 청년층이 많은데 주로 취업으로 인한 것이 주된 사유이다. 1인 가구 중 방만 필요한 가구 300만을 빼면 1,500만 가구가 남고, 주택 수는 1,600만 채인데 어찌하여 자기 집이 없는 사람이 40%를 넘을까?

이를 주택 숫자로 단순 계산하면 600만 채(1,500만 가구×0.4)에 해당한다. 1인 가구를 모두 빼면, 방이 아닌 집이 필요한 가구는 약 1,350만 가구이므로 우리나라 주택은 250만 채나 남는 셈이다. 그런데도 2인 가구 이상의 40%(1,350×0.4=540) 540만 가구는 타가살이를 하는 것이다. 이러한 현상의 가장 큰 원인은 2채 이상의 집을 소유한 사람이 120만 명이나 되며, 이들이 소유한 주택 수만 해도 300만 채에 달하기 때문이다.

그다음으로는 주택 공급 물량의 부족이다. 앞에서 이야기한 300만 채를 고려한다 해도 250만 채가(550만-300만=250만) 더 있어야 한다. 이상이 주택 물량에 대한 대수 분석이다. 따라서 앞으로의 주택정책은 서민에 대한 임대주택 공급을 1인 가구와 2인 가구를 중심으로 하되 1인 가구와 2인 가구를 서로 구분하여 맞춤형 정책을 수립하는 것이다. 맞춤형 공급정책을 수립하기 위해서는 탁상계획에 의해서는 안 되며, 먼저 1인 가구와 2인 가구 전체에 대한 수요조사를 실시하여야 한다. 주요파악 항목은 규모, 형태, 지역이며 그다음 부담능력과 수요 시기 등이다. 이러한 조사를 기초로 15~20년의 장기계획을 수립하는 것이다. 조사 자료는 일시적인 참고 자료로 활용한 뒤 폐기하지 말고 영구보관하면서 필요하면 업데이트하고, 차후 공급 순위 결정의 자료로 활용해야 한다.

주택 공급 주체의 명확화

임대주택 건설은 공공부문에서 담당하는 것이 가장 바람직하지만, 재원의 부족으로 현재 대부분을 민간에 위임하고 있다. 그러나 민간의 임대주택 건설은 많은 문제점을 드러내고 있으며 수요자의 불만이 매우 높다. 정부가 민간의 참여를 유도하기 위해서 건축 관련 법규를 대폭 완화하고 감독을 포기하고 방치한 결과 지리적, 환경적 요건이 열악하고 차량 진입과 주차가 불가능하고 부실공사와 서비스 부족으로 누수, 균열, 소음, 악취, 사생활 침해 등 정상적이고 안정적인 주거가 불가능한 경우가 매우 많다는 경험자들의 진술이 일간지에 발표된 바 있다.

이러한 현상은 아파트나 연립주택에서는 일어나지 않는다. 아파트와 연립주택은 중견급 이상의 건설회사가 시공하기 때문이다. 그러나 사업승인이 필요 없는 20호 미만의 소규모 주택 단지 조성이나 20호 미만의 다세대주택, 다가구주택, 단독주택 건축은 거의 모두 무면허 개인업자가 시공하고 있는바, 이들은 관청의 통제를 벗어나 있을 뿐 아니라 기술적·도의적 신뢰성도 매우 낮아 규정 위반과 부실시공을 막을 방법이 없다. 또, 이들은 거주자인 집주인이 직접 건축하는 것처럼 위장하기 때문에 관련 세금을 포탈하고 있으면서도 임대가격은 매우 비싸게 책정하여 서민층을 위한 주거 정책의 취지와 배치되고 있다.

이 중 대표적인 것이 다가구주택(한 집에 여러 가구 주택)으로 보통 3층~5층의 건물로서 5가구 이상 15가구 이내가 대부분이며 속칭 원룸, 투룸, 도시형 생활주택이라고 부르고 있다.

이러한 도시형 생활주택만 2014년 기준으로 35만 채에 달한다고 한다. 가구 수로는 200만 가구가 훨씬 넘을 것이다.

아파트와 연립주택에는 어떤 문제가 있을까?

아파트와 연립주택은 시공상의 문제는 별로 없지만, 민간건설회사가 지은 임대아파트나 연립주택(보통 ○○빌 이라는 호칭)은 국민의 신뢰도가 낮고 임대가격은 비싸다는 것이 문제점이다. 또, 임대아파트 건축은 업자들도 수익성이 낮다 하여 기피하는 실정이다.

이상과 같이 살펴볼 때 임대주택의 공급은 공공임대주택, 즉 공공단체(예: 토지주택공사, 지방공사)가 주체가 되어 추진하여야 한다. 임대주택 공급을 민간에 의지해서는 안 될 것이다. 다만, 민간아파트는 민간사업자가 스스로 결정하되 임대하지 못한 미임대 물량은 LH공사 등이 소화시켜주는 것이 좋을 것이다. 도시형 생활주택은 지나친 혜택을 지양하고 건축허가와 시공과정에서 철저한 확인과 감독이 있어야 할 것이다. 다세대주택이라는 것은 개인의 소유물을 넘어 공공성을 지니게 되기 때문이다.

공급방법의 설계

주택 공급 계획을 수립하기 위해서는 먼저 수요량과 수요자의 성향을 파악하고 추진과정 상의 주요 난제를 사전에 검토하고 편익과 효과를 분석해야 한다.

① 주택의 선호도

특정 주택을 선택하거나 선호하는 기준은 첫째로 경제적 부담과 입지 조건이며, 그다음으로 환경과 교통을 꼽는다. 이러한 기준에 의하여 선택하는 주택의 형태 및 비 선호 주택의 형태는 세대별 성별에 따라 차이가 있다.

가구 원수	세대	필요규모	선호주택	비 선호	선호 선택사유
1인 가구	청년층	원룸	다가구 주택		물량 풍부로 입지 선정이 용이, 시설 양호, 사생활 보호가능
	독거노 인	방 1	단독주택	아파트 연립	경제적 부담 완화, 인근주민과 호흡가 능, 집주인과 대화 가능
	중장년 (남)	방 1, 또는 원룸	다가구 주택 단독주택		경제적 이유
	중장년 (여)	방 1~2 원룸~투룸	다가구주택 아파트, 연립	단독주택	사생활 보호, 안전, 편리성
	극빈층	방1	단독주택	아파트 연립 다가구주택	경제적 능력 주변과 격리 성향
2인 가구	신혼 부부	방2	아파트, 연립	단독주택	사생활 보호 보안 신혼분위기 유지
	기혼 부부	방2~3	아파트	단독주택	편리성, 자존심 유지
	노인층	방2~3	아파트	단독주택	편리성, 품위 유지
	극빈층	방1~2	단독주택	아파트	경제적 능력

② 임대 주택 사업의 재원과 건설기간 문제

현재 신축을 위주로 하는 주택보급 사업을 재고해야 한다.

토지주택공사가 임대주택을 신축함에는 많은 재원이 소요될 뿐 아니라 입지선정, 토지확보에 이르는 과정만 해도 많은 시간과 어려움이 있으며 이러한 절차를 거쳐 주택을 완성하기까지는 긴 사업기간과 그에 따르는 많은 비용이 추가된다. 따라서 신축사업에 대한 직접원가외에 수년에 걸친 간접비용까지 포함하여 비용 편익 분석을 해야 하며 그 결과 신축이 가장 좋은 방법인지와 더 좋은 방안이 있는지를 연구해야 할 것이다.

③ 단지형과 분산형

임대 아파트 신축에서 제기되는 문제로서 우리나라는 지나치게 단지형에 집착하고 있다. 단지형은 공사의 진행과 사후관리의 집약성이라는 장점이 있으나 넓은 부지 면적이 소요되어 토지매입 비용이 클뿐 아니라 입지의 선정과 확보의 제한성이 따르기 때문에 다양하고 자유로운 주거지 선정이 불가능하다. 참고로 미국 뉴욕 근방의 뉴저지주에 있는 임대주택을 보면 일체형 건물 1동에 수백 가구를 수용하는 형태이고, 중앙복도식 구조라든지 지하층이 없이 1층을 주차장, 관리시설 편의시설 등에 활용하는 것을 보았다.

7. 전월세 상한제 실시

집 없는 서민층과 일부 중산층의 주거문제의 경우 장기적인 공공임대주택 공급량 확대만으로는 급박한 현실을 해결할 수 없다. 세계적으로 유례가 없는 우리나라 특유의 전세제도는 전세가격이 매매가에 육박(일부는 매매가 초과)하는 비정상적 현상을 나타내고 있으며, 월세는 연간 20%에 해당하는 이율을 적용하고 있다. 그리고 2년마다 최소 10%씩 인상하고 있다. 서울의 평균 전세가는 2억 원에 달하여 이미 서민층의 부담 능력을 넘어섰으며 중산층 역시 부담능력이 한계에 도달하였다.

이러한 과도한 전월세 가격 형성의 원인은, 주택을 소유한 임대인의 일부는 금융부채를 안고 있어 내실이 없다는 것이고, 나머지 주택 소유자는 이자율 하락에 의한 금융소득 감소를 세입자에게 전가하고 있거나, 주변 분위기에 휩싸여 덩달아 인상시키는 경우 등이다. 최근 전월세 비율이 5:5의 상황에서 월세가 전세보다 많아진 것이나, 전세와 월세를 절충한 반전세가 증가하고 있는 것을 보면 임대인들의 심리를 읽을 수 있다. 또, 수요자 측면을 살펴보면 수도권과 지방 대도시의 경우에는 교육과 진학에 대한 과잉집착으로 해당지역의 수요가 지속되고 있으며, 상당수의 직장인이 자기 집을 떠나 세입자가 되거나 사업상 필요에 의해 세입자가 되는 경우가 전월세 수요를 증가시키고 있다.

전국의 전월세 세입자가 전체 가구의 40%를 넘는 약 800만 가구나 된다.

물론 이들의 일부는 부담능력이 충분한 사람도 있겠지만, 대부분은 서민층과 빈곤층으로서 전세금과 월세가 상승하면 이들의 소비지출은 점점 감소하고 가계 형편은 약화된다. 이러한 악영향은 중산층도 예외가 될 수 없다. 반면, 임대인은 모두 여유층이거나 부유층으로서 상대적으로 우월한 "갑"의 위치에서 어떠한 제약도 없이 칼을 휘둘러 서민층을 매우 힘들게 하고 있다.

이는 공정한 거래관계가 아니다. 이것은 상호 자유로운 의사에 따른 계약이 아닌 갑의 횡포이다. 따라서 공정거래위원회는 약자인 소비자(수요자)를 보호하는 권한을 발동하여야 하며, 주택 관련 당국은 임대차 보호법을 보완·개정하여 임대인의 지나친 권한을 제한하고 세입자를 보호하는 규정을 제정하여야 한다.

전세가 상한제

전세가격은 매매가격의 50%를 상한선으로 설정하고 이를 입법 조치한다.

● 기존 계약에 대한 효력

기존 계약은 효력을 유지하되, 임대인은 전세가가 매매가의 50%를 초과하여 인상을 할 수 없다.

● 인상률

물가상승과 매매가 상승에 따른 인상률은 계약기간 만료로 갱신계약 시 정부가 발표하는 소비자물가 상승률과 은행 대출이자율을 평균한 수치를 인상할 수 있게 한다.

● 위반자에 대한 조치

임대인이 인상률 제한 규정을 위반할 경우 과징금을 부과하고 과세조치한다.

● 임대주택의 세입자에 대한 매도 유도

임대인에게 임대주택을 세입자에게 매도하는 것을 권장하고 일정기간 내에 매도 시 양도소득세를 감면하고 매입한 세입자에게는 취득세를 감면하여 주택거래를 활성화한다.

월세 상한제

월세 세입자는 극히 일부의 예외를 제외하고는 거의 모두가 전세자금이 없는 서민층과 극빈층이다. 주택 소유주들은 월세를 책정함에 있어 아무런 합리적 기준도 없이 자의적으로 산정하고, 그 수준은 시장 이자율이나 은행의 대출금리보다 몇 배나 높다. 예를 들면 전세 1억짜리를 월세로 전환할 경우, 일반의 상식적인 수준으로는 월 50만 원 정도면 될 것 같은데, 현실은 보증금 1,500~2,000만 원에 월 100~150만 원 정도이다.

기준 없는 월세 책정이나 인상을 막아 서민의 삶을 돕기 위해서는 일정한 기준을 제정하고, 최고 상한선을 설정하여야 한다. 참고로 예시하면, 적정 전세금을 기준으로 환산할 경우 연간 이율 10%를 상한선으로 책정하되 속칭 반 전세(전세+월세)인 경우의 월세는 전세금의 비중에 따라 이율을 차감하면 될 것이다. 월세 상한제 역시 주택임대차보호법에 규정을 신설하고 위반행위에 대한 제재는 전세의 경우와 같게 한다.

제4부

1,000만
빈곤층을
살리자

빈곤층의
구조와 원인

우리나라 빈곤층은 약 1,000만 명으로, 인구의 20%에 달한다. 정부는 17%(850만)로 발표하고 있다. 빈곤은 어디에서 오는가?

국가가 빈곤하면 국민도 빈곤하다. 우리는 그것을 아프리카, 동남아, 인도, 북한에서 볼 수 있다. 그러나 국가의 빈곤이 원인의 전부는 아니다. 부유한 나라, 선진국에서도 빈곤층은 있기 때문이다. 그러므로 빈곤은 개인 본인으로부터 유래하기도 한다. 따라서 빈곤의 책임역시 개인과 국가 모두에게 있다.

개인의 빈곤 유래를 보면, 부모 세대부터 가난한 선천적 빈곤이 있고, 본인 세대에서 시작된 후천적 빈곤이 있다. 통계적으로는 선천적빈곤이 더 많다고 한다. 그것은 본인의 노력만으로 빈곤을 탈출하기가 쉽지 않다는 것을 나타냄과 동시에 현 시대적·경제적·사회적 체제가 빈곤의 대물림을 만드는 원인이 되고 있다는 것을 증명하는 것이다.

여러 가지를 종합하여 볼 때 빈곤문제의 해결에 있어, 국가는 정치, 경제, 사회, 교육 등 여러 방향에서 종합적으로 노력하고 가난한 개인은 스스로 남보다 배로 노력하는 자세가 필요하다.

부모가 가난한 가정의 자손들이 그대로 가난하게 사는, 빈곤의 대물림이 약 70%에 달한다는 연구결과가 있다. 여러 가지 조건이 불리한 가난한 집 출신 자녀들이 사회경쟁을 이겨내고 빈곤에서 탈출하는 것은 그만큼 어렵다는 것을 의미한다.

빈곤의 발생을 미리 막을 수는 없는가? 빈곤의 발생은 그 원인이 매우 다양할 뿐 아니라, 그 발생 자체가 인위적 사유 때문인 것도 있다. 또한 천재지변, 자연재해, 각종 재난과 외적의 침략과 전쟁 등 불가항력적 원인도 많기 때문에 가난의 발생 자체를 완전히 막을 방법은 없다. 오직 인간사회가 합심하고 노력하여 최소한으로 줄이는 수밖에 없다. 따라서 빈곤의 문제는 예방적 처방보다 사후 대책을 더 우선시하고 거기에 집중되는 것이 일반적 현상이다. 그것이 현실적으로도 가시적인 효과를 나타내기 때문이다. 또한, 정부로서도 개인의 삶의 변화를 모두 파악하거나 예측할 수 없기 때문에 빈곤 처치 대책도 결과적으로 나타난 상태를 보고 대응할 수밖에 없다.

1. 빈곤의 구조

빈곤층을 빈곤의 성격과 질적 정도의 차이에 따라 다음과 같이 분류해 본다.

구분	빈곤정도	세대별 구분	추정 인구	빈곤 사유	빈곤 지속성
절대 빈곤층 500만명	소득이 최저 생계비의 70% 미만	노인층	약 200만	-	고정적
		중, 장년층 (40~60세)	약 250만	파산, 무재산, 부채, 실직, 질병, 장애, 기타	고정적 유동적
		청년층 (25~39세)	약 50만	질병, 장애, 가출, 기타, 실업	고정적 유동적
상대적 빈곤층 500만명	소득이 최저 생계비 이하	노인층	약 200만	-	고정적
		중, 장년층 (40~60세)	약 250만	파산, 무재산, 부채, 실직, 질병, 장애, 기타	고정적 유동적
		청년층 (25~39세)	약 50만	질병, 장애, 가출, 기타, 실업	고정적 유동적

2. 빈곤과 실업

빈곤층의 대부분이 실업자이며, 실업자의 대부분은 빈곤층이다. 빈곤과 실업은 동전의 양면과 같은 관계를 가지고 있다. 여기에서 말하는 실업은 통계 작성을 위한 학리상 실업이 아니라 실질적 의미의 실업을 말한다. 15세 이상의 모든 사람 중 취업을 원하지만 일자리를 구하지 못한 사람들, 예를 들면 노인층, 노동 무능력자까지 포함하는 개념이다. 그러므로 명목상 직업을 가지고 있어도 부정기적 아르바이트 수준이거나 단기 임시직, 부정기적 시간제 근무, 1주일에 20시간 근무 이하의 일자리 등이 모두 포함된다. 이와 같이 실질적인 실업자를 제대로 조사해야만 복지정책의 참 대상이 왜곡되지 않게 파악되기 때문이다. 통계는 실체적 사실을 그대로 표현하지 않으면 아무런 의미를 갖지 못한다.

결론적으로, 우리나라의 경우 실업문제(일자리 문제)를 해결하는 것이 빈곤을 해결하는 가장 중요한 방법이며 대책이다. 그리고 정부 당국이 한 가지 각성해야 할 것은, 실업문제를 경제적 관점에서만 접근하려는 좁은 식견으로 기업에만 의존하는 우매함에서 벗어나야 한다는 것이다. 사회적 인식의 전환(연령적 편견과 세대 간 칸막이 제거)과 사회 각 계층이 공생하는 것이 행복한 사회가 된다는 공감대를 형성하기 위한 운동과 정책을 개발하는, 사회적 관점의 접근과 연구가 반드시 필요하다.

실업자 구조

※ 숫자는 2014년 기준

	구분		내용	인원수	사유	실업상태 성격
노동가능인력 중	정부발표 공식 실업자 (15~55세)		구직신청자	93만 (정부발표)		일시적 변동성 실업
	비공식 실업자 (15~55세)		구직신청 후 재신청 포기자	72만 (정부발표)	취업준비, 입시준비 학원, 장애, 질병, 단순포기, 기타	일시적 실업
		당초무신청자	일용직 130만 중	약 70만		일시적 변동성 실업
			시간제 근무 93만 중	약 70만		일시적 변동성 실업
			장애인 272만 중	중증 20만/ 기타 50만		영구적 고정적실업
			중병자 심신	약 50만		반영구적 반고정적실업
			월수입 50만 원 이하, 부정기근로자	약 50만		영구적 고정적실업
			자유 직업자 중	약 50만		일시적, 변동성적실업
			취업준비, 시험준비	약 50만		일시적, 변동성적실업
	소계			약 550만		
비노동력 분류자	55세~64세 고령자		생계형 취업 희망자	약 200만		일시적, 변동성 실업
	65세 이상 노인층 (의제무능력자)		640만 명 중 생계형 취업 희망자	약 250만		고정적, 영구적 실업
	소계			약 450만		
총 실질적 실업자				약 1,000만		

미래를 예측하고 대안을 설계하는 연구자는 대수적 추정과 분석을 하게 되지만, 정부의 통계는 현실적 사실에 철저해야 한다. 후진국이거나 비양심적 정부일수록 통계의 중요성을 인식하지 못하거나, 정권 유지가 염려되기 때문에 정권에 부담이 되는 사안일수록 조작과 가공을 일삼고 통계조사 자체도 철저하지 못하기 때문에 정확성을 신뢰하기 어렵다.

실업 통계에 있어서도 개념과 기준설정, 분류 및 계산에서 배제, 중복 가공이 가능하다.

근로형태와 성격

구분	세분	세 세분		직업성격	판정	비고
정규직	-	-		안정적, 고정적	-	
비정규직	임시직	장기 재계약		안정적	실질적 실업자	고정적
		단기 근무 계약		불 안정적		유동적
	일용직	특수전문 기술직		안정적	실질적 실업자	유동적 예: 경비직
		건설, 건축 서비스	계절직	불안정적		
		반복근무		안정적		
		일회성 근무		불안정적		
		기타				
	시간제	매일근무		안정적	실질적 실업자	
		주 36시간 이상 근무		안정적		
		주 25시간 미만, 불규칙		불안정적		

연령대별 실질 실업자

※ 정부통계는 2014년 기준

연령대	실직적 실업자 추정자	내용

청소년층
(15~29세)
	약 290만	- 공식실업자(구직신청자) 48만(정부통계)
		- 구직포기자 40만(정부통계),
		  당초 무신청자 -약 70만
		- 1년 미만 계약직-76만(정부통계) 중 50만
		- 시간제 아르바이트-93만(정부통계) 중
		  70만, 일용직-10만

중, 장년층 (30~55세)	약 260만	- 공식 실업자 - 45만(정부통계) - 당초 무 신청자 - 약 180만 - ① 일용직 130만 중 60만 - ② 1년 미만 임시직, 시간제 약 20만 - ③ 장애, 질병, 취업준비, 시험준비, 자유직업, 기타 약100만 - 구직 포기자 - 32만(정부통계)
고령층 (55세 이상) ① **55~64** ② **노인층** (66세 이상)	약 200만 약 250만	- 제도적 취업제한 - 제도적, 사회 관습적, 취업 배제자
합계	약 1,000만	

　이상의 실질 실업자 추정 수치에는 4%에 이르는 자발적 실업자(약 100만)도 포함되어 있고, 사항별 분류에서 일부 중복되는 부분도 있을 수 있으나, 대수(大數)적 파악에는 별문제가 없다. 실업문제의 진실을 일깨워 주기 위한 것이기 때문이다.

사회 안전망 구축

1. 복지란 무엇인가

국민은 행복하게 살 권리가 있다. 그렇다면 행복한 삶이란 무엇인가? 사람마다 가치관, 성향, 정신적 수양 정도 등에 따라 그 내용과 수준이 다를 것이다. 그러나 기본적으로는 인간다운 삶을 보장할 수 있는 필요한 정도의 물질과 정신적 안정 내지 평화가 공통적인 요건이 될 것이다. 복지란 이러한 삶의 질을 현실화한 것을 뜻한다. 국가는 국민을 행복하게 할 의무가 있다. 원시사회에서는 인구는 적고 땅은 넓으며 사유재산 제도도 없어 누구나 자유롭게 열매를 따 먹고 뿌리를 캐 먹으며 물고기와 짐승을 잡아먹으면서 기본적인 식생활이 가능했을 것이다. 그러나 사람이 많아지고, 부족이 생겨나고, 국가가 생기면서 개인의 물질적, 정신적 자유는 제한되기 시작했다. 고대국가에서는 외세의 침범만 막으면 국가의 임무를 완수한 셈이 되었고, 국가는 일방적 권한으로 국민으로부터 물질을 수탈하였다.

현대국가는 어떠한가?

국가 간 경쟁과 충돌로 안보는 더욱 강화되고, 많은 인구의 유지와 생존을 위해서는 경제가 안보와 같이 중요시되었으며, 이러한 상황에 맞추어 제도와 틀을 만들게 되었다. 따라서 현대국가에서는 이러한 법과 제도라는 틀을 벗어나면 개인의 기본생활 자체가 불가능하다. 이와 같이 나라가 국가라는 틀을 만들고 법과 제도를 만들어 그 안에서 자유경쟁 하면서 생존하도록 만들었다면(사실은 약육강식이지만), 거기에서 탈락한 허약한 구성원들의 문제도 해결해 주어야 마땅하다. 국가를 유지하는 것은 경쟁의 승리자이든 낙오자이든 모든 구성원의 책임이며 공동체 사회의 본질이기 때문에, 모든 국민은 국방의 의무와 납세의 의무를 이행하고 있다. 그러므로 국가도 모든 국민이 낙오자가 없도록 필요 충분한 응분의 보답을 해야 한다. 헌법이 규정한 "국민의 생명과 재산을 보호"한다는 규정은 고대국가처럼 국방과 치안을 유지하는 정도의 소극적 의미가 아닌, 국민의 행복을 책임지는 것이며 그것이 곧 국가의 책무이며 목표라는 것이다.

"복지"의 실현은 선택과 고려의 문제가 아니라 필수적 과제이며 "정치"의 최종목표인 것이다. 복지는, 그것도 기본적 수준의 복지는 예산의 유무에 따라 결정하는 이벤트성 행사가 아니라, 가장 먼저 챙겨야 할 사안이다. 따라서 오랜 준비와 연구, 지속적 실천이 필수적인 것인데, 우리나라 정치가 지금까지 그것도 게을리하고 등한시한 것이다. 국가라는 회사를 설립했다면, 위정자들은 경영을 잘하여 이익을 많이 내고 주주(국민)에게 많은 배당을 하고 근로자의 임금을 인상해야 한다. 이 배당과 임금이 복지인 것이다. 그러므로 이러한 배당과 좋은 보수를 제공하지 않는 나라를 국민이 사랑할 리 없으며, 노사 간 화합이나 단합이 이루어질 수 없다. 국가는 국민이 국가의 필요성을 절실히 느끼게 해야 하며 국가에 대한 고마움을 느끼도록 만들어야 국민의 자발적 애국심을 유발하고 정부정책에 호응하여 국정을 성공적으로 수행할 수 있게 되어, 국민의 단합도 이끌어 낼 수 있는 것이다.

사회는 계속 발전, 변화하며 경제적 수준은 더욱 높아져, 인간의 욕구도 커지기 때문에 복지의 "완성"이나 "상한"은 있을 수 없겠지만, 시대에 따른 각 나라마다 상황과 수준에 따라 불행하다고 느끼는 국민이 거의 없도록 해야 한다. 기본적인 의식주가 해결되도록 하는 기본 복지를 실현하는 것이 그 나라 복지정책의 최소 목표가 되어야 할 것이다. 일반적으로 한 나라의 복지 수준을 나타내는 척도는 국민 1인당 필요로 하는 평균 생활비 중에 공공의 지원과 혜택(사회적 임금)이 차지하는 비율로 나타낼 수 있다. 복지선진국의 사회적 임금 비율은 50% 전후로, 스웨덴의 경우에는 2013년에 51%에 달하였다. 이 비율이 50% 정도이면 복지가 거의 완성된 수준으로 보는데, 그것은 국민의 생계나 빈곤의 책임은 국가와 개인이 각 50:50의 공동책임이라고 보아야 하기 때문이다.

한국의 경우에는 2014년 기준 사회적 임금 비율이 13%라는 통계 발표가 있었는바, 이는 OECD 국가 중 최하위 수준이다. 세계 10위권을 내다보는 경제 규모에도 어울리지 않을 뿐 아니라 그동안 정부가 얼마나 복지정책에 대한 노력이 부족했는지를 나타내는 부끄러운 현상이다. 선진국들은 수십 년 이상, 길게는 100년 이상의 장기간에 걸쳐 관심과 노력을 해왔음에도 우리는 이를 따라잡을 노력조차 부족했기 때문이다. 정치가 어려운 것이라는 말은 이런 경우를 두고 하는 말이다. 복지 정책을 제대로 추진하기 위해서는 강력한 지도력과 흔들리지 않는 추진력, 정치의 참뜻이 무엇인지를 아는 깨달음, 국민을 자기 목숨보다 더 사랑하는 인간애를 가지고 혁신적 자세로 임해야 할 것이다.

2. 한국의 복지 현실

한국의 복지정책의 실상을 잠깐 살펴봄으로써 무엇이 부족하고 무엇을 고쳐야 하는지 알아보기로 한다.

먼저, 복지에 대한 가치관과 필요성 등의 인식이 부족하고, 성숙하지 않았다. 이로 인하여 최고위 위정자마저 복지사회 실현에 대한 의지가 강하지 않다. 그리하여 대통령 선거 시에 공약한 복지정책을 축소하거나 불이행하는 사례가 있는가 하면, 복지에 관한 미래의 청사진마저 제시하지 않고 있다. 정치가들 역시 이제 시작도 제대로 못 한 상황에서 "과잉복지"라는 용어가 나오고 "복지축소"를 운운하는 자가 나타나고 있다. 일부 정치가나 고위 관료는 20년 후면 국민연금 수혜 효과로 복지문제가 거의 해소될 것처럼 공언하기도 한다. 그러나 국민연금공단이 연금 가입 개인들에게 통지하는 20~30년 후의 연금 수령액을 예고한 것을 보면, 현재 가치로 환산할 때 아이들 용돈 수준에 불과하다.

지금 논의되고 있는 공무원 연금 개혁문제도 공무원들이 수령액을 인하하는 것을 반대하고 있는바, 다소 조정의 필요성은 있으나 그들이 반대하는 것이 아주 잘못된 것은 아니다. 그러므로 이 문제는 수령액 인하에 초점을 두지 말고 보험료 인상에 중점을 두어야 할 것이다. 복지 정책이 성공하기 위해서는 정부의 노력뿐 아니라 기업과 근로자의 이해와 협조, 일반 국민의 공감대까지 아우러져야 하는 것이다. 우리나라는 극빈층만 해도 약 500만에 달함에도 불구하고, "기초생활보장 수급자"라 하여 극빈층에 지급하는 금액은 너무나 적다. 이들의 약 30%인 150만 명 정도에게 2014년 기준 최저 생계비(정부 고시액: 1인당 월 60만 원, 2인 가족 90만 원의 50% 수준인 30여만 원)밖에 지급하지 않고 있다.

또, 노인층에게 지급하는 기초연금은 노인층 약 60%에게 평균 15만 원 정도를 매월 지급하고 있다. 최저 생계비 대비 20% 수준이다. 왜 OECD 최하위 복지국가인지 알 수 있을 것이다. 극빈층 중 100만 명 이상은 단순히 호적상 노동 가능 식구가 있다는 것만으로, 실제로는 모두 실업자임에도 수금대상에서 배제되고 있다. 사실에 입각한 복지 행정을 집행하지 못하고 있는 것이다. 실제로 직업을 가지고 있는 자식들이 있어도 부모를 부양하거나 정기적으로 생활비를 제공하는 자식은 극히 일부에 불과하다고 한다.

복지 행정에서 가장 유의해야 할 것은, 재산과 소득의 분산이나 서류 조작 등 허위로 수급자가 되는 경우가 매우 많다는 소문이 자자하다는 것이다. 현장 확인 행정이 필요한 이유다. 이러한 부정 수급자 문제는 단순히 예산의 낭비 문제를 넘어, 보다 어려운 다른 빈곤층 가구가 배제된다는 것이다. 그러므로 부정수급의 문제는 대상 배제와 똑같은 중대한 문제인 것이다. 또 한 가지, 위정자들의 잘못된 생각은 복지에 관련한 재정지출을 예산 소요를 증가시키는 내키지 않는 항목으로 여기는 눈엣가시처럼 인식하는 경향이다. 그러나 복지예산은 단순히 소모성 세출이 아니며, 모든 국민을 재충전시켜 국가의 활력을 키워 내수경기를 부양하는 근원이 된다는 것을 명심해야 한다. 복지재정은 지속적이어야 하고, 계속 증가하는 성격을 지니므로 복지사회 백년대계를 설계하는 장기계획을 수립하여 준비하여야 하며 국민으로 하여금 미래에 대한 비전을 예측 가능하게 해야 함과 동시에 재원 조달을 위한 부담에 대비하는 마음의 준비와 자세를 갖추도록 해야 한다.

2-1. 복지정책과 부작용 문제

우리나라가 복지 문제를 부작용과 연계시켜 생각하는 것은, 기본적인 복지조차 실현하지 못한 처지에서 너무 우습고 주제넘은 이상한 발상이지만, 책임감 있는 정부 당국자가 제기한 것은 사실이므로 한번 짚어 보기로 한다. 문제 제기의 내용은, 복지 시혜가 국민의 정신적 해이를 가져와 노동을 회피하거나 근로의욕을 저하시킨다는 것이다. 이것은 과거 호주 등 선진국에서 과잉복지로 일부 청소년이 근로나 사회활동을 기피한 사실이 있었다는 것에서 나온 것이다.

그러나 우리는 지금 과잉 복지를 걱정할 때도 아니며, 앞으로도 과잉의 복지를 시혜할 리도 없다. 복지정책은 빈곤층 해결의 문제로, 우리나라 빈곤층의 절반은 노인층이 차지하고 있어, 결국, 복지정책 대상의 주체는 노인층이라고 볼 수 있다. 결국 복지문제는 노인층 문제와 직결되는 것이다. 모두가 알다시피 65세 이상 노인은 노동력 산출계상에서 제도적으로 완전히 제외되어 있다. 따라서 "노동 의욕 감소" 얘기는 논리상 맞지 않다.

또 한 가지 제기하는 도덕적 해이나 무임승차론도 마찬가지다. 빈곤층의 해결은 사회와 정부의 책임으로, 결국 분배의 문제와 연결되므로 논리상 문제가 될 수 없다. 이러한 문제들을 제기하는 것은, 결국 정부가 민생을 해결하지 못한 책임을 회피하기 위한 핑계로 귀착된다. 가장 그럴듯한 핑계는 "재정의 부족"이라고 할 수 있지만 이 역시 정부가 진즉 장기적 계획을 수립하여 실천해왔다면 지금처럼 궁색한 변명은 필요 없었을 것이다. 오죽 답답하고 안타까웠으면 일부 지방자치단체가 청년실업자에게 수당을 지급하겠다고 나섰겠는가? 고마워할 일이다.

우리나라 복지를 OECD 최하위 복지 후진국으로 만든 가장 큰 문제점은 정치(정치권력과 정치지도자)가 복지에 대한 철학이 없다는 것이다. 백성을 생각하는 깊은 사랑과 민생을 살리는 것이 국가의 가장 중요한 기초라는 투철한 정신 없이는 복지정책은 제대로 이루어질 수 없는 것이다.

3. 기본 복지 조속 실현의 필요성

복지실현의 핵심은 약 1,000만에 이르는 빈곤층(극빈층+일반 빈곤층)의 구제이고, 빈곤층의 구제는 그들의 기본적인 의식주 해결에 있다. 생존 욕구는 가장 원초적인 첫째 본능이므로 의식주의 해결 없이 행복한 삶이란 아예 논할 수도 없는 것이다. 우리의 현실을 냉철히 바라보면, 국민의 20%에 달하는 빈곤층 (국내 학자와 경제 관련 국제기구의 연구 발표는 최저 17%에서 22% 임)이 기본적인 의식주를 완전히 해결하지 못하고 있으며, 이 중에서도 약 500만의 극빈층은 기본적인 의식주는커녕 먹는 식생활조차도 어려운 형편이다. 빈곤층 모두에게 최저 생계비를 직접 지급하는 기본적 복지의 실현은, 빈곤층을 가난의 고통에서 벗어나도록 구제하는 사회정의구현이라는 도덕적, 정치적 의의에 머무는 것이 아니다.

그보다 더 큰 의미와 가치를 내포하고 있다는 점에서 그 필요성이 절실하며, 진정한 선진국을 향한, 그리고 통일을 향한 제2의 도약을 앞두고 지금의 경제적 사회적 불안정과 모순을 더 이상 그대로 방치해서는 증세가 고착화될 수 있다는 점에서 그 시급성이 있다. 그렇다면 그 숨어있는 중요한 가치와 의미는 무엇인가?

그 첫째는 바로 내수경제의 저변을 확대하고 강화하는 것이다.

거시적 관점에서 볼 때 현 상황은 인구의 과반수가 서민화 되었으며 이 서민층의 40%가 빈곤층이며, 이 빈곤층의 절반은 절대 빈곤층, 즉 극빈층이다. 이 국민의 반쪽이 활력을 상실하면 구매력은 감소하며 이들의 구매력이 감소하면 내수경제는 살아날 수 없다. 부와 소득의 양극화 심화는 중산층의 경제력을 축소시켰으며 이에 따라 중산층의 숫자도 감소하였다. 부유층은 소득이 늘어나도 소비는 더 이상 늘지 않지만, 서민층은 가처분 소득 전부를 생계비와 교육비 등으로 지출한다. 이와 같이 서민층은 소득대비 소비지출 비율이 부유층보다 훨씬 높을 뿐 아니라 주로 생활필수품 등 내수물품의 주종을 이루는 중저가 물품을 구매하기 때문에 내수경제의 순환과 재생산에 크게 기여한다.

두 번째는 서민 복지로 인한 잇몸효과이다.

서민층은 중산층과 부유층의 잇몸이다. 빈곤층이 생계의 고통에서 벗어나야 서민층이라는 잇몸이 튼튼해진다. 잇몸이 튼튼해야 이가 아프거나 흔들리지 않는다. 서민층은 중산층의 모태이므로 서민층이 허약해지면 혈연적 정서적 고향이며 경제적 사회적으로 연관된 중산층에 부담을 주고 나아가서는 부유층의 경제활동에 영향을 주게 된다. 모든 사회현상에서 하부층이 약하면 전체 구조는 안전할 수 없다. 빈곤층의 40%는 노인들이고 노인은 우리들의 부모들이라는 것을 생각하면 이해가 빠를 것이다.

　아래의 표와 같은 악순환이 형성되는 것이다.

　최하층의 안정 없이 중간층이 안정될 수 없고 이 두 계층의 안정된 존립 없이 상부층은 더 이상 성장할 수도 없고 사상누각의 신세가 될

것이다. 서민층의 안정은 경제적 안정뿐 아니라 사회 심리적·정신적 구심점이며, 사회 안정의 기반이며 최후의 보루와도 같다. 이것이 겉으로 나타나지 않아 눈에 보이지 않는 중요한 잠재적 효과이다. 이제 경제도 전통적인 경제이론만으로는 풀 수 없는 변종과 같은 생물체로 변질된 것이다.

4. 기본 복지 실현의 단계

한국의 경제성장률을 연평균 3.5%로 볼 때, 1인당 GDP는 2025년에 4만 불, 2030년에는 5만 불을 달성할 것으로 예상한다. 이제 이러한 경제의 양적 성장에 발맞춰 과거에 소홀했던 분배와 복지를 국위에 걸맞게 구현시켜야 한다.

어느 나라이든 복지사회 건설에는 막대한 재원과 장구한 세월이 소요되기 때문에 장기적 구상과 계획이 필요하다. 우리나라의 경우는 뒤처진 복지 수준을 신속히 만회해야 한다. 현재와 같이 뚜렷한 목표의식 없이 막연하게 소극적으로 수행해 나아가서는 성과를 거둘 수 없고, 목표 달성 타임 스케줄에 따라 경제개발 계획과 같이 몇 차례의 단계적 추진계획을 수립해야 한다. 그리고 복지의 성격에 따라 우선순위를 정하고, 이를 타임스케줄에 대입하면 된다. 복지의 내용을 성격에 따라 분류하면, 생계복지, 주거복지, 의료복지, 교육복지의 4개 복지로 나눌 수 있다. 이 중 가장 중요한 것이 생계복지이고, 그다음이 주거복지이다.

의료복지는 우리나라가 선진국을 능가할 정도로 양호한 편이다. 교육복지는 기초적 의식주가 해결된 다음의 문제이다. 기본적 복지란 생계복지와 주거복지, 즉 의식주의 해결을 뜻한다. 빈곤층에 대한 기본적 복지는 생계복지가 그 핵심이며, 이들에 대한 주거복지란 최저 생계비로 감당할 수 있는 정도의 임대주택 보급이나 월세 지원을 의미한다.

1단계 (제1차 기본복지 계획)

구분	내용	비고
목표	500만 절대빈곤층 해소	소득환산액이 최저 생계비의 80% 미만자
복지 내용	최저 생계비 100% 지급	2014년 기준 최저 생계비 (정부고시) - 1인가구 : 월 60만 원 - 2인가구 : 월 90만 원 - 3인가구 : 월 120만 원 - 4인가구 : 월 150만 원
목표 년도	2022년	
추정 소요 예산	가구원 추정 - 1인 가구 30% - 2인 가구 30% - 3인 가구 40% -150만 명 × 연 720만 원 = 10조 8천억 원 -150만 × 연 1080만 원 ÷ 2 = 8조 1천억 원 -200만 × 연 1440만 원 ÷ 3 = 9조 6천억 원 합계 28조 5천억 원 기존지급액 약 15조 원 차감추가 소요액 28.5조-15조 = 13.5조 원 (추가 소요액)	- 기초생활보장법 적용자 150만 명 - 노인층 기초연금 1단계 완성시 연간 추가 소요액 (2014년 현재가치 기준)

□ 행정적 조치

여러 가지로 분산된 복지제도를 하나로 통합하여 일원화한다.

노인층에 대한 기초연금, 빈곤층에 대한 기초생활보장, 장애인 수당 지급 등은 가장 근원적 기준인 소득수준 한 가지 기준으로 통일하고 복지급여 내용도 기본복지가 완성되면 생계복지, 주거복지, 교육복지 등(소위 맞춤형 복지)으로 세분할 필요가 없다. 기초생활보장법을 대폭 수정·보완하여 복지정책의 통합된 기본법으로 만들고 노인층 기초연금도 흡수 통합해야 한다.

2단계 (제2차 기본 복지 계획)

구분	내용
목표	약 500만 명의 상대적 빈곤층 지원
복지 내용	환산 소득이 정부고시 최저 생계비의 150% 이하 빈곤층에게 생계비를 보충 지원. ○ 소득 수준별 3단계 구분 - A급 : 최저 생계비 대비 80~110% - B급 : 최저 생계비 대비 110~130% - C급 : 최저 생계비 대비 130~150% ○ 지원금액 - A급 : 최저 생계비 (정부고시금액)의 70% - B급 : 최저 생계비 (정부고시금액)의 50% - C급 : 최저 생계비 (정부고시금액)의 30%
목표 년도	2027년(5개년 계획)
추정 소요 예산	2014년 화폐가치 기준 약 15조 원 연도별로 안배하여 증가시키되 최종연도 복지계획 완성 시 15조 원 소요

□ 대상자의 유동성

복지사회가 완성된다 하여도 빈곤층이 완전히 소멸하지는 않는다. 인간은 움직이는 생명체이며 자연도 수시로 변화하기 때문이다. 그러니 빈곤층의 숫자는 항상 유동적이다. 앞서 제기한바 있는 노인층이나 청년층 일자리 대책, 정부의 경제 정책 등에 따라 감소할 수 있으며 빈곤의 기준 설정이나 통계 산출 방법에 따라서도 크게 달라진다. 따라서 본론에서 제시한 빈곤층의 숫자 역시 정책 방향 설정을 위한 대수적 추정이다. 그러나 큰 틀에서 크게 벗어나지 않을 것이다. 그러므로 정부는 복지 정책 수립에 앞서 전 국민에 대한 재산과 소득을 정밀하게 조사하는 대통계조사의 큰 작업을 먼저 해야 한다. 이 결과에 의거해 정확한 기초자료가 확보되고 개인별, 가구별, 소득 현황과 순위도 파악될 것이다.

3단계 – 무주택 서민층 주거복지의 완성

주택 문제에 관하여 이미 앞장에서 기술한 바 있으나 빈곤층을 위시로 하는 무주택 서민층의 주거문제 해결은 복지사회 건설의 완성 편에 해당하므로 여기에서 잠시 다루고자 한다.

주거문제 해결의 열쇠는 공공 임대주택 공급이라고 지칭하는 것은, 분양주택은 아무리 공공분야에서 공급한다 해도 분양가격을 획기적(예: 민간부문 분양가의 50% 이하 수준)으로 낮추지 않는 한 큰 의미가 없기 때문이다. 임대주택의 공급물량 확대를 위해서는 민간부문의 참여가 필요하나, 도시형 생활주택은 무허가 업체의 부실공사와 비싼 임대가격이 문제점이고, 아파트의 경우는 건설업체의 수익보장과 임대가격 저렴화가 서로 충돌하므로 활성화시킬 수 없는 실정이다. 토지주택공사의 능력을 확대하기 위해서 자본의 확충이나 특정 목적의 가금을 창설하는 것도 연구할 필요가 있다.

구분	내용
목표	1인 ~ 3인 가구용 소형 임대주택 300만 ~ 400만 가구분 공급
주택 형태	도시지역 - 소형아파트, 다세대주택, 다가구주택 시골지역 - 다세대주택, 다가구주택, 단독주택
목표 년도	2035년

복지 재원

복지정책 최대의 난제이자 성공의 열쇠는 대규모 재원의 확보와 그 재원공급의 영속성이다. 복지의 특징은 복지목표를 달성한 후에도 프로젝트는 종료되지 않는, 시작은 있으나 끝이 없는 영구적 사업이라는 것이다.

따라서 국민 모두의 열망과 후원을 도외시한 정부만의 일방적 계획은 중도에 꺾일 위험이 있다. 복지는 국민을 위한 것이지만, 부유층은 필요성을 느끼지 않고, 중산층은 자립 능력을 갖추고 있어 자기들이 주된 수혜자가 아닌 정책에 수반되는 부담을 달가워하지 않으며, 서민층은 부담 없는 수혜를 원하고, 빈곤층은 아예 부담의 열외자이다. 그러므로 복지정책의 추진은 "예산이 문제다"라는 단순한 생각에서 벗어나 깊은 연구와 넓은 협의, 꾸준한 계몽과 설득 등 긴 인내가 필요한 정신적 싸움이라고 할 수 있다. 복지 선진국들이 지금의 수준에 이르기까지 100년 안팎의 세월이 소요된 것은 이러한 사회복지의 성격 때문이다.

1. 복지예산 소요액(추산)

복지 대상별 추가 소요액

※ 금액은 2014현재가치 기준

구분	대상	산출근거
제 1 차 계 획	절대빈곤층 해소	○ 전제 - 1인 가구 30% : 150만 명 - 2인 가구 30% : 150만 명(75만 가구) - 3인 가구 40% : 200만 명- 가구당 평균 3.5인 간주 　　　　　　　　　　　　　 200만 ÷ 3.5=57만 가구 1인 가구 복지비 : 150만 명×월 60만 원×12개월=10조8천억 원 2인 가구 복지비 : 75만 가구×평균 월 90만 원×12=8조1천억 원 3인 이상 가구 복지비 : 57만 가구×평균 월 140만 원×12=9조6천억 원 총 소요액 합계 : 28조 5천억 원 ○ 현재 복지비 지출액 (추정액) - 기초생활보장 수급자 　150만 명×연평균 500만 원=7조5천억 원 - 노인층 기초연금 　1인 가구 130만 중 수혜자 80%, 　104만 명×연 240만원=2조5천억 원 　2인 가구 130만 중 수혜자 75%, 　100만 가구×월 32만 원×12=3조8천억 원 - 기타 약 1조 원 ○ 차감 추가 소요액(목표 년도 최종연도 소요액) 　28.5조 -15=13.5조 원

1차 계획 추진기간은 5~6년이므로 추가 소요 예산을 기간에 적정 배부하여 매년 증가하는 지출 예산을 조정하고 이미 기존 제도에 의해 지급되고 있는 복지비와 종합하면 정부 복지예산의 직접 복지비 지출액의 합이 된다.

그리고 현재의 직접복지 수혜자(기초생활보장 수급자, 기초연금 수급자)는 모두 1단계 복지계획대상(극빈층)에 포함된다고 간주하기로 한다. 물론, 노인층 기초연금 수급자(약 4백만 명)의 50% 정도는 극빈층이라고 볼 수 없지만, 소요예산 산출의 지나친 미시적 접근을 피하기 위하여 기 시행 중인 복지비 지출에 대한 계산은 1단계에서 마무리하기로 한다. 그러므로 2단계(2차 계획)의 대상자는 기존 수혜자와 중복되지 않는 신규 진입으로 보고 소요 예산도 새로이 발생하는 것으로 한다.

구분	대상	산출근거
제 2 차 계 획	상대적 빈곤층 지원(500만)	○ 등급구분 최저 생계비 대비 소득환산액 A급 - 80~110% B급 - 110~130% C급 - 130%~150% ○ 점유 비율 - A급 - 40% 간주-200만 명 - B급 - 30% 간주-150만 명 - C급 - 30% 간주-150만 명 ○ 생계비 지원범위 A급 - 최저 생계비의 70% B급 - 최저 생계비의 50% C급 - 최저 생계비의 30% ○ 지원금액(2014 현재 가치)

○ 지원금액(2014 현재 가치)

	A	B	C
1인가구	월 42만 원	월 30만 원	월 20만 원
2인가구	월 63만 원	월 45만 원	월 30만 원
3인가구	월 84만 원	월 60만 원	월 40만 원
4인가구	월 105만 원	월 75만 원	월 50만 원

○ 세대원수별 가구 수

	A	B	C
1인가구	50만 명	38만 명	38만 가구
2인가구	50만 명 (25만 가구)	37만 명 (19만 가구)	18만 가구
3인가구	60만 명 (20만 가구)	45만 명 (15만 가구)	15만 가구
4인가구	40만 명 (10만 가구)	30만 명 (7만5천 가구)	7만 5천 가구

구분	대상	산출근거
제2차계획	상대적 빈곤층 지원(500만) - 위 표와 이어짐	○ 소요예산 산출 A급 - 1인 가구-50만 명×42만 원×12개월=2조5천억 원 - 2인 가구-25만 가구×63만 원×12=1조9천억 원 - 3인 가구-20만 가구×84만 원×12=2조 원 - 4인 가구-10만 가구×105만 원×12=1조3천억 원 B급 - 1인 가구-38만 명×30만 원×12개월=1조4천억 원 - 2인 가구-19만 가구×45만 원×12월=1조 원 - 3인 가구-15만 가구×60만 원×12월=1조1천억 원 - 4인 가구-7만5천 가구×75만 원×12월=7천억 원 C급 - 1인 가구-38만 명×20만 원×12월=9천억 원 - 2인 가구-19만 가구×30만 원×12월=7천억 원 - 3인 가구-15만 가구×40만 원×12월=7천억 원 - 4인 가구-7만5천 가구×50만 원×12월=5천억 원 소요액 합계 : 15조 원

구분	대상	소요액 산출	비고
제3차계획	무주택, 빈곤층, 서민층 주거복지	추정 불능	
청년층 일자리 대책	실업 청소년 (실질적 실업자 약 3백만) ○ 직무능력 배상 ○ 폴리텍 Ⅲ 대학 증설 ○ 3D업종 취업 유도	연간 2~3조 원 추정 불가 연간 1조 원	수강생 지원비, 강사 인건비 민간주도, 정부지원 취업자 지원비
노인일자리	대대적 사회적 기업 설립	추정불가	민간주도, 정부지원

연도별 직접 복지비 소요액 배분

연도별 소요액은 시작 연도와 배분 비중에 따라 다르므로, 일단 소요기간별 평균액을 예시해 본다.

복지 정책 내용	단계별	집행 년도	연도별 증가액		소요액 합계
빈곤층 생계 복지	1차 계획	2017	2조		2조
		2018	2조		4조
		2019	2조		6조
		2020	2조		8조
		2021	2조		10조
		2022	3.5조	= 13.5조	13.5조
	2차 계획	2023	3조		3조
		2024	3조		6조
		2025	3조		9조
		2026	3조		12조
		2027	3조	= 15조	15조
청년층 실업자 대책		2017	0.5조		0.5조
		2018	0.3조		0.8조
		2019	0.3조		1.1조
		2020	0.4조		1.5조
		2021	0.4조		1.9조
		2022	0.4조		2.3조
		2023	0.4조		2.7조
		2024	0.4조		3.1조
		2025	0.4조		3.5조
	계				

2. 재원 확보 방안

복지 정책의 성패는 재원확보 여부에 달려있다. 재원확보 방안에 관한 것은 이미 앞에서 제기한 경제개혁방안, 사회 개혁방안의 주요 과제에 개별적으로 내포되어 있다. 세제개편에 따른 세수 증대, 지하경제 색출과 양성화, 기부문화의 확산 등이 그것이다.

재원 조달 방안

방안		연간추정수입	
기부문화 확산에 의한 재원		5조~10조	색출 완성 후에는 감소할 수 있음
지하경제 색출, 양성화		15조	
세제 개편에 따른 증수	법인세	5조	
	소득세	5조	
	부가가치세	7~8조	
	소비세	2~3조	
	증권거래세	5~10조	
	경제성장(년3.5%)에 의한 증수	7조	
합계		50~60조	

예산 절약 방안

□ 정부기관 예산 절약운동

정부 산하 모든 기관은 고정비를 제외한 변동비 지출의 1%를 의무적으로 절약하여 국민에게 모범을 보이고, 2015년 화폐가치 기준 연간 2조 원 내외의 예산을 절약한다.

절약된 예산은 정부의 복지재원에 충당한다. 만약 기관별 지출 절감액이 의무적 목표인 1%를 초과할 경우, 초과 절감액은 기관별로 소속 직원에게 연말에 보너스로 지급하게 한다.

□ 노인층 기초연금 수급 연령 상향조정

기초연금 수급 연령을 매년 1년씩 상향하여 5년 후 수급대상 연령이 70세 이상이 되도록 한다. 현실적으로도 70세 미만은 노인으로 취급받지 않고 있는 것이 사회적 인식이다. 이러한 조정으로 5년 간 노인 편입 인원은 정지되고 예산도 절약될 것이다.

의료복지와
재정

한국은 공적 의료보험 제도가 잘 갖추어져 있어 의료복지 측면은 선진국 수준으로, 미국보다 나은 편이다. 앞으로 의료보험(건강보험)에 있어서 비급여 항목만 축소해 나가면 완성될 것이다.

문제점은 건강보험공단의 재정 적자이다. 의료보험의 급여 비적용 부문이 축소되면 적자는 더욱 커질 것이다. 의료보험 적자의 원인은 무엇일까? 한마디로 보험료 수입은 적고, 병원 이용 환자는 많기 때문이다. 이 수입과 지출 양면에 모두 문제가 있다.

먼저, 보험료 부과방식을 보면, 2015년부터 소득을 기준으로 산정하였기 때문에 비례 요율을 적용한다 해도 응능부담의 원칙이 적용되는 것으로 알려져 있다. 그러나 월 소득 7,810만 원(연 소득 9억 3,720만 원)을 상한선으로 정하고 5.99%를 부과하여 월 467만 원(본인 부담 234만 원)을 최고 한도로 묶어 놓았다. 서민의 경우 일시적 소득이 있어도 바로 적용하는 치밀함과 비교하면 이를 이해하는 국민은 아무도 없다.

소득에 대한 과세가 아니므로 누진율을 적용하지 않는 것까지는 이해되지만, 부담 능력이 있는 고소득층(부유층)에게 경제적 부담을 배려해주는 것은 이해할 수 없는 일이다. 또 한 가지 상식을 벗어난 것은, 병원을 빈번히 이용하는 사람이나 10년 이상 병원 치료를 받지 않는 사람이나 보험료 부담액은 동일하다는 것이다. 결과적으로 보험료 부과에 있어서 응능부담 원칙이나 수혜자 부담원칙, 원인자 부담원칙 등 어떠한 합리적 기준도 없이 집행하고 있다는 것이다. 건강보험공단의 보험료 지출이 계속 증가하는 이유는 국민 개개인의 건강보험에 대한 의존도가 지나치게 높고 스스로의 건강에 대한 노력은 부족하기 때문이다.

따라서, 건강보험 재정을 안정시키기 위해서는 고소득자로부터 보험료 수입을 증대시키고 병원을 많이 이용하는 사람들에게도 보험료 부담을 일부 전가하며, 이용이 적은 사람에게는 부담을 경감시켜 합리성을 도모함과 동시에 무분별한 병원 이용을 자제하도록 해야 할 것이다. 건강은 본인에게 책임이 있다. 빈곤은 국가에도 절반의 책임이 있지만, 건강은 본인에게 90%의 책임이 있다. 사람들이 가난에 대해서는 세상이나 나라 탓을 하지만, 몸이 아픈 것에 대해서는 세상이나 나라 탓을 하지 않는 것을 보아도 그 이유를 알 수 있다.

건강보험 재정 해결의 장기적 과제는 모든 국민을 건강하게 만드는 것이다. 국민이 건강해지는 것은 첫째는 본인의 책임이지만, 국가도 국민의 건강을 위해 노력해야 할 의무와 책임이 없다고는 할 수 없다. 의료보험제도나 의료시설을 아무리 완벽하게 갖춘다 해도 그것은 사후대책에 불과하다. 온 나라가 병원과 의사, 약국으로 가득 찬다면 그것이 정상적인 사회인가? 모든 것이 사전 준비가 필요하듯이 건강은 예방적 처방이 중요하며 앞에서 제기한 바 있는 학교체육 강화, 사회체육 활성화, 노인건강운동 생활화 등은 그 일환이다. 국민이 건강해지면 의료보험재정은 자연스럽게 해결될 것이다.

또 한 가지 덧붙일 것은 공공의료의 강화이다. 모든 의료행위를 사적 영역에서 담당하고 있는 것도 의료수가의 인상, 환자의 폭주로 인한 의료서비스의 질적 저하, 병·의원의 지나친 난립, 국민의 경제적 부담 등을 초래하므로, 현재의 지방의료원, 보건소 등 형식적 수준인 공공의료의 내용과 질, 그리고 수준을 높여야 할 것이다. 예를 들어, 난해한 외과적 수술이나 고도의 전문적 분야를 제외하고 가장 이용률이 많은 치과, 안과, 관절, 한방, 재활, 피부 등 진료과목을 확대하고 방문치료, 이동차량 진료 및 치료를 실시하며, 시설과 의료진의 수준을 민간 의료기관과 동등하게 강화하고, 빈곤층을 주 대상으로 정하는 방안이다. 물론 이를 위해서는 재정적으로 국가의 지원이 필요하다.

복지 행정

1. 국가 대통계 조사(소득 일제 조사)

복지정책 추진을 위하여 재원확보 다음으로 중요한 것이 정확하고 정밀한 사회실태파악이다.

기본적 복지의 실현은 국민 전체를 대상으로 하는 광의의 공적 혜택을 뜻하는 것이 아니고 빈곤층 해소나 직접지원을 목표로 하는 선택과 집중정책이다. 이를 위해서는 대국적 추세 파악을 위한 거시적 통계가 필요한 것이 아니라 국민 개개인에 대한 정밀한 소득과 경제 상황을 파악하는 미시적 접근이 필요한 것이다. 그러면 세대별(거주단위) 연계와 집합은 쉽게 파악될 것이며, 나아가서 은닉과 분산이 성행하는 재산에 대하여는 가구별(호적단위), 또는 특수 관계까지 파악하는 시스템적 통계 조사가 필요하다. 따라서 과거부터 시행되어 온 "인구센서스" 같은 형식적이고 피상적인 조사방식은 전혀 의미가 없다.

현재 시행되고 있는 복지 관련 여러 프로젝트의 실상을 보면(예: 노인기초연금, 기초생활보장, 장애인 등급, 임대주택 입주자선정), 위장, 분산, 위조 등 각종 탈법과 편법을 동원한 가짜 수혜자가 매우 많아 어떤 부문에서는 절반에 이를 것이라는 소문도 있다. 그리하여 이들로 인하여 도움을 받아야 할 많은 사람이 이들 대신 탈락하고 있다는 것이다. 실제로 빈곤층 중 100만 명 이상이 주민등록상 호적상 자녀가 있다는 이유만으로(자녀들이 무소득 실업자임에도 불구하고) 기초생활보장 수급대상에서 제외되어 있다고 발표된 바 있다. 이는 재원 부족으로 인한 것이기도 하지만, 기본적으로는 정부의 통계조사 부실과 통계의 가공, 그리고 형식적으로 서류 행정에 의존하는 공무원의 소극적 자세, 복지 행정 담당 인력 부족 등이 겹친 결과다.

그러나 이제 기본복지 실현이라는 국가적 대 과제를 실현·수행하기 위해서는, 최근 토지에 대한 지적도를 위성측정에 의해 새로이 작성하는 사업을 벌이듯, 모든 국민의 소득과 재산 등의 기본 데이터를 구축하기 위한 "국가 대통계 조사" 사업을 실시해야 한다.

– 조사계획 개요 예시

구분	내용			
사업기간	2년 　1차 년도 - 법제화 　　　　　 - 계획수립 　　　　　 - 기본자료 수집 　2차 년도 - 현지 조사, 탐문 조사 　　　　　 - 확인 점검 　　　　　 - 보완조사			
조사 담당 기관	통계청, 복지부, 행정자치부 합동 협조기관 - 국세청, 경찰청, 지방자치 단체			
조사인력	지역	도시지역 - 동별 시골지역 - 면별 총인원 약 35,000명 (연 인원 70,000명)	인력구분	필수인력 - 공무원, 통장, 이장, 반장 협조인력 - 지역주민, 대학생
			조편성	동, 읍면당 2~3개조 조당 3~4인
소요예산	-인건비　연 6,000억 - 차량비　　1,500억 - 물품비　　1,000억 - 기타　　　1,000억 　합 : 연간 9,500억 원			

2. 수혜대상(빈곤층) 선정

소득과 재산 조사결과에 의한 빈곤층의 구분과 선정 과정은 다음과 같이 요약할 수 있다.

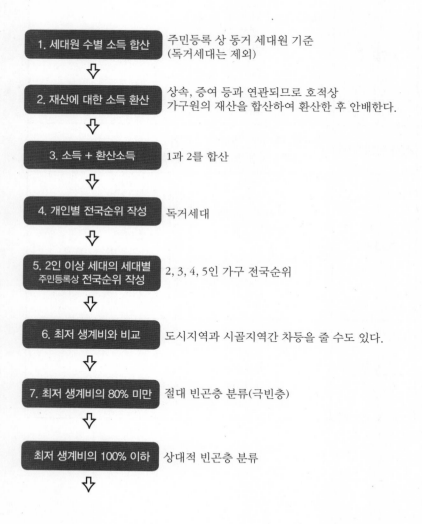

1. 세대원 수별 소득 합산 — 주민등록 상 동거 세대원 기준 (독거세대는 제외)

2. 재산에 대한 소득 환산 — 상속, 증여 등과 연관되므로 호적상 가구원의 재산을 합산하여 환산한 후 안배한다.

3. 소득 + 환산소득 — 1과 2를 합산

4. 개인별 전국순위 작성 — 독거세대

5. 2인 이상 세대의 세대별 주민등록상 전국순위 작성 — 2, 3, 4, 5인 가구 전국순위

6. 최저 생계비와 비교 — 도시지역과 시골지역간 차등을 줄 수도 있다.

7. 최저 생계비의 80% 미만 — 절대 빈곤층 분류(극빈층)

최저 생계비의 100% 이하 — 상대적 빈곤층 분류

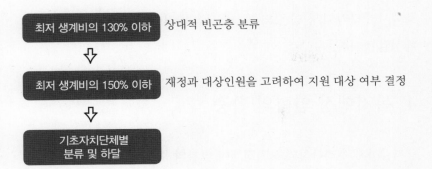

최저 생계비의 130% 이하   상대적 빈곤층 분류

최저 생계비의 150% 이하   재정과 대상인원을 고려하여 지원 대상 여부 결정

기초자치단체별
분류 및 하달

3. 대상자의 진입과 퇴출

　소득과 재산에 대한 데이터는 변동이 있으므로 계속 가감, 수정, 보완하는 등의 갱신을 해야 한다. 그러기 위해서는 정부 각 부처 간 정보교류나 공유는 물론, 일선 복지 관련 행정기관의 지속적인 현지 확인과 현장 조사가 필요하다.

　그 결과, 대상자의 새로운 발생과 탈락자가 생기게 된다. 이 경우, 빈곤층의 형편상 새로 진입하게 되는 경우에는 빠른 대상 편입을 원하지만, 퇴출에 해당할 때에는 신고하지 않는 경향이 일반적이다. 행정적으로는 진입과 퇴출이 바로바로 이루어지는 신속과 유연성이 옳은 것이지만, 그 정도의 신속함과 유연성은 현실적으로 불가능한 일로 본다. 수많은 변동이 수시로 일어나기 때문이다. 그렇다고 행정의 안정성이나 고정성만을 취할 수도 없다. 그러므로 안정성과 유연성을 적절히 조화시켜 나가되, 진입은 퇴출보다 신속히 처리하는 것이 국민을 위한 행정일 것이다.

4. 복지행정 인력의 확충

지금까지 우리나라의 복지정책이 국가의 주요 정책이 되지 못하고, 시장 상품의 덤이나 치장용 액세서리 정도에 머무르다 보니 복지행정 역시 일반 관리사무의 부속으로 머물러 왔다. 그러나 앞으로의 복지정책은 국가의 주요과제로 떠올라 많은 재정적·행정적 수요가 뒤따를 것이므로 담당 기구와 인력이 크게 증강되어야 한다.

지방자치단체

우리 복지행정은 실질적으로 거의 모두 읍·면·동이라는 말단 조직에서 이루어지고 있다. 그 위의 구·시·군에서는 예산하달과 통계관리 정도만 취급하고 있다. 2013년도의 조사에 의하면 여러 가지 복지 관련 업무를 종합적으로 수행하는 동·읍·면의 35%는 한 사람이 복지 업무를 담당하고 있으며, 수백 명 이상의 대상자들을 관리하느라 업무가 폭주하여 건강을 해치고 있는 실정이다. 심지어는 사직한 경우도 있다고 한다. 심지어 인구가 훨씬 많은 지역에서도 고작 2명이 담당하고 있다고 한다. 복지 업무란 한두 가지가 아니며 책상에 앉아서 서류만 확인하는 업무도 아니다. 현장조사를 해야 할 뿐 아니라 일선 행정관서

의 경우, 타 업무도 병행하게 된다고 한다. 이에 대한 인력 충원 방법
은 지방자치단체 공무원을 증원하거나 복지부 공무원을 증원하여 파
견근무를 하도록 하는 방법이 있을 것이다. 우선 5,000명 정도의 추가
인력이 당장 충원되어야 할 것으로 보인다.

복지부의 기구 확대

  복지정책 주관 부처인 현 보건복지부의 역할이 막대해지므로, 기구
확대와 인력증원이 필요하다.

　- 본부 : 필요조직 증설
　- 광역시·도 단위 : 지방 복지 행정청 신설
　- 구·시·군 단위 : 업무 협력관 배치 (5명 정도의 인력 배치)

맺는말

우리는 지난 50여 년간 오직 궁핍과 가난을 벗어나고자 앞만 달려온 결과 경제적으로는 세계 선진국에 올라섰다. 그러나 그 이면에는 원칙과 규범의 무시, 양심의 포기, 속임과 배신이 난무하는 어두움이 들어섰다.

남들보다 빠른 경제적 성과에 도취되고 자만한 나머지, 세계 유일의 분단국가라는 부끄러움도 망각하거나 자위하며, 물질을 위하여 미쳐 날뛰는 혼탁한 사회를 만들어 냈고, 서로 돕고 사랑하며 화목하게 사는 상생의 한민족 정신문화를 잃어버렸다.

어찌하여 중진국 이상이 모인 34개 OECD 국가 중에서 자살률 1위, 이혼율 1위, 저출산율 1위, 교통사고율 1위, 음주량 2위, 흡연율 2위의 나라가 되었는가! 어찌하여 사회는 양심과 정의, 기본과 기준이 없어졌는가!

최근의 고위관료 인선과 청문회를 예로 보자.

장애인이 아닌 정상적인 사내대장부가, 국민의 첫째 의무인 병역의무를 이행하지 못한 비겁하고 허약한 사람이, 이유 여하를 막론하고 어떻게 떳떳이 국정을 다스리고 책임지겠다고 나설 수 있단 말인가!

누구보다도 법규를 잘 알고 법망 탈출에 능숙한 그들을, 형식적인 법규에 저촉되지 않는다 하여 비양심, 부도덕, 몰염치를 도외시하는 것은 최고 인사권자의 바른 태도가 아니며, 선량한 국민을 무시하고 우롱하는 행위이다. 그들이 아니고서는 나라를 이끌어 갈 수 없을까? 정치와 사회, 그리고 그 핵심에 있는 지도자들은 잃어버린 기본을 찾고 중심을 잡아야 한다.

그리고 사회 모든 구성원, 즉 국민의 들뜨고 동요하는 마음을 가라앉히고, 상기된 표정과 상승된 체온을 낮추어야 한다. 그리하여 어지러운 사회를 깨끗이 청소하고 방황하는 마음을 바로잡고 정신을 안정시켜, 모두가 힘을 합쳐 혼돈과 혼란의 사회를 정리·정돈해야 한다. 그리고 나서 새 시대를 향하여 다시 준비한 후 출발해야 한다.

위정자나 국민, 우리 모두는 조급하고 급한 잘못된 습성을 버리고, 천천히, 그러나 꾸준한 성품을 갖춰야 한다. 아무리 살기가 힘들다 해도 약삭빠름과 영악스러움보다는 성실과 끈기, 그리고 정의를 쫓는 용

기가 필요한 것이다. 이것이 개인이나 사회가 건강해지는 비결이며 정
상적인 정신자세이다.

국민의 마음을 차분하게 가라앉히려면, 먼저 기본적 복지를 실현하
고 정신교육을 통한 계몽이 이루어져야 한다. 나라의 뿌리인 백성, 서
민과 빈곤층을 살리지 않고는 내수경제도 국가안보도 원만히 해결할
수 없을 것이다.

아무리 초야에서 충심의 재언을 하고 외친들 위정자들이나 최고지
도자가 공명하지 않는다면 아무 소용이 없을 것이다. 좋은 발상은 지
위가 높고 학식이 많다고 나오는 것이 아니라, 순수한 마음을 지니고
넓은 안목과 깊은 통찰력이 있으며, 사람과 사회와 국가를 사랑하는
마음이 있어야 나오는 것이다. 또, 지도자는 제각기 옳다고 주장하는
수많은 제안을 냉철하게 감별하고 옥석을 가리는 안목을 가지고 있어
야 한다. 수많은 논쟁과 주장 속에 정답은 하나밖에 없다. 세상만사의
판단 기준은 무엇인가?
그것은 "옳은 것"이다. "옳은 것"은 내 편 네 편이 없어 파벌도 없으
며, 아군과 적군도 없으며, 이해타산도 없고 당리당락도 없다.

이기적 반대는 악의이므로 정의의 힘으로 헤쳐 나가야 하며, 오해나
이해의 부족에 의한 반대는 진지한 설득과 계몽으로 해결해야 한다.
여러모로 부족한 한 필부의 견해이나, 순수하고 불편부당한 중립적 가

치판단에 기초한 제언이다.

부디 뜻을 같이하는 사회와 정치권에 공명을 일으켜 민생을 잘 살리고 나라의 기틀을 바로 세워, 대한민국이 조용한 아침의 나라, 동방의 등불로 새롭게 태어나기를 간절히 염원하는 바이다.

출간후기

빈곤층을 살리는 회복의 민생정책으로
대한민국 모든 민생에 행복과 긍정의 에너지가
팡팡팡 샘솟으시기를 기원드립니다!

│ 권선복
도서출판 행복에너지 대표이사
한국정책학회 운영이사

지금 한국의 민생은 끝을 알 수 없는 수렁에 빠져 있습니다. 특히 그 중에서도 서민층의 밑을 이루는 약 3천만 하층민의 삶은 갈수록 팍팍해지며, 정부기관은 이를 완벽히 해결하지 못하고 있습니다. 정권이 바뀔 때마다 더 힘들어졌다고 하는 민생은 절망적으로 보이기만 합니다. 책『아! 민생이여』는 이런 우리에게 귀중한 정책제안서가 됩니다.

스스로를 촌로라 부르는 저자는 단순히 서민층과 극빈층을 아우르는 민생의 어려움을 말하는 것이 아니라 인구문제와 경제문제, 정책 분석을 통한 민생경제의 문제점을 지적하며 이야기를 풀어나갑니다. 국가란 왜 존재하며 그 책임과 의무는 어떤 것인가, 이에 따른 각 정부 부처와 지위에 있는 사람들은 어떤 일을 해야 하는지에 대하여 꼼꼼히 따집니다. 이어서 경제의 소득과 분배, 일자리와 책임 부담의 현재 상황에 대하여 분석한 뒤 본격적인 정책을 제안합니다. 크게 뭉뚱그린 대략적인 정책제안이 아닌, 분야별 정책을 세밀하게 분석하여 제시하며 신뢰할 수 있는 제안을 펼치며 우리가 가야 할 길을 밝혀줍니다.

저자는 "정의의 힘으로 헤쳐 나가야 하며, 오해나 이해의 부족에 의한 반대는 진지한 설득과 계몽으로 해결해야 한다."라고 목소리를 냅니다. 이러한 뜻을 같이하는 사회와 정치권이 민생을 살리고 나라를 바로 세워, 대한민국이 새롭게 태어나기를 소망하며, 모든 분들의 삶에 행복과 긍정의 에너지가 팡팡팡 샘솟으시기를 기원드립니다.

하루 5분 나를 바꾸는 긍정훈련

행복에너지

'긍정훈련' 당신의 삶을
행복으로 인도할
최고의, 최후의 '멘토'

'행복에너지
권선복 대표이사'가 전하는
행복과 긍정의 에너지,
그 삶의 이야기!

★인터파크
자기계발 분야 주간
베스트 1위

권선복 지음 | 15,000원

권선복

도서출판 행복에너지 대표
영상고등학교 운영위원장
대통령직속 지역발전위원회
문화복지 전문위원
새마을문고 서울시 강서구 회장
전) 팔팔컴퓨터 전산학원장
전) 강서구의회(도시건설위원장)
아주대학교 공공정책대학원 졸업
충남 논산 출생

책 『하루 5분, 나를 바꾸는 긍정훈련 - 행복에너지』는 '긍정훈련' 과정을 통해 삶을 업그레이드하고 행복을 찾아 나설 것을 독자에게 독려한다.

긍정훈련 과정은 [예행연습] [워밍업] [실전] [강화] [숨고르기] [마무리] 등 총 6단계로 나뉘어 각 단계별 사례를 바탕으로 독자 스스로가 느끼고 배운 것을 직접 실천할 수 있게 하는 데 그 목적을 두고 있다.

그동안 우리가 숱하게 '긍정하는 방법'에 대해 배워왔으면서도 정작 삶에 적용시키지 못했던 것은, 머리로만 이해하고 실천으로는 옮기지 않았기 때문이다. 이제 삶을 행복하고 아름답게 가꿀 긍정과의 여정, 그 시작을 책과 함께해 보자.

『하루 5분, 나를 바꾸는 긍정훈련 - 행복에너지』